Eleuterio Uribe Villegas

PENTECOSTÉS
EL NUEVO SINAÍ

**LA REVELACIÓN QUE MARCÓ
LA TEOLOGÍA DEL NUEVO
TESTAMENTO**

PUBLICACIONES
KERIGMA
Ἐν ἀρχῇ ἦν ὁ Λόγος

© **Derechos Reservados**
Publicaciones Kerigma Salem Oregon USA
Para pedidos: www.publicacioneskerigma.org
Teléfono: 971-304-1735

Segunda Edición: 1,500 ejemplares
Oregón, Estados Unidos
Febrero 2020

Rev. Eleuterio Uribe Villegas
Teléfono: +52 66 7167 5301
E-mail: uribe61@icloud.com

ISBN: 978-1-948578-47-9
Impreso en el Estados Unidos
Printed in United States

RECOMENDACIONES

Teólogas y teólogos de América Latina y El Caribe que producimos teología pentecostal, recibimos con gratitud la obra del teólogo mexicano Eleuterio Uribe. Sin duda su libro *Pentecostés el Nuevo Sinaí: La Revelación que marcó la Teología del Nuevo Testamento,* es un aporte significativo en el área de la teología bíblica. Estoy segura de que, a partir de su investigación, los diversos campos del quehacer teológico se verán enriquecidos. Disfrutemos de este libro que pronto será una referencia obligada.

*~ **Dra. Agustina Luvis***
Catedrática de Teología Sistemática
Seminario Evangélico de Puerto Rico
Puerto Rico

Pentecostés el Nuevo Sinaí: La Revelación que marcó la Teología del Nuevo Testamento, es un trabajo por demás excelente de mi consiervo, el Rev. Eleuterio Uribe. Después de leer su texto no solo quedé fascinado por su erudición, sino que pude anticipar su utilidad para nuestra doctrina del Nombre. Con esta obra Eleuterio Uribe nos deja un legado para esta y las siguientes generaciones, al tiempo que pone fundamentos que consolidarán nuestra identidad pentecostal. Recibimos con alegría esta magna producción teológica.

*~ **Rev. Samuel Sánchez Armenta***
Obispo Presidente
De la Iglesia Apostólica de la Fe en Cristo Jesús, A.R.
México

El libro del Rev. Eleuterio Uribe Villegas, *Pentecostés el Nuevo Sinaí: La Revelación que marcó la Teología del Nuevo Testamento* es una obra de teología bíblica que marca un hito en la historia de las ciencias bíblicas y teológicas. Eleuterio Uribe, biblista de larga trayectoria, nos entrega aquí el producto de más de treinta años de investigación acerca de la Teología del Nombre y de la centralidad de Pentecostés. Una obra indispensable para comprender la revelación de la Gloria de Dios y de Su Nombre en la teología cristiana.

~ **Dr. Bernardo Campos**
Teólogo Pentecostal,
Miembro fundador de la Red Latinoamericana
de Estudios Pentecostales, RELEP
Perú

Pocos son los especialistas en ciencias bíblicas que han propuesto temas fundamentales de toda la Biblia, como el Pacto (*Berith*) en el Antiguo y Nuevo Testamento, o el amor, temas eje de la revelación. El Rev. Eleuterio Uribe, con esta obra cumbre *Pentecostés el nuevo Sinaí: La revelación que marcó la Teología del Nuevo Testamento,* nos ha dejado una clave de lectura de toda la historia de la salvación. Pentecostés, como él lo ha estudiado, no solo es el inicio de la fe cristiana, sino el centro de la revelación del glorioso Nombre de Dios, un nuevo Sinaí, cenit de la Revelación divina. Un libro que fecunda el diálogo y la crítica desde el pentecostalismo. Recomiendo sobremanera su lectura.

~ **Dr. Daniel Mario Salazar Figueroa**
Especialista en Sagradas Escrituras
Profesor de Teología Bíblica en el Seminario de
Las Asambleas de Dios
Argentina

La formación cristiana en el Centro Cultural Mexicano Universidad Teológica (U-CCM), tendrá en el libro de Eleuterio Uribe un bastión que marcará derroteros en la educación teológica de hoy y del mañana. Lo recomiendo no por mi familiaridad con él, sino porque conozco de su erudición y entrega al trabajo de investigación científica en la especialidad de Ciencias Bíblicas y Teológicas.

~ *Dr. Javier Uribe Villegas.*
director del Programa de Maestría en Teología
Universidad Centro Cultural Mexicano-CCM
Tepic, Nayarit
México

Han pasado muchos años ya de la presencia pentecostal en el mundo y nuevas generaciones de teólogos lo van interpretando. Esta vez el teólogo Eleuterio Uribe ha hecho un aporte importante desde las ciencias bíblicas que servirá para cruzar información con la producción en otros campos de la Teología y las Ciencias Sociales sobre el movimiento pentecostal. Recomiendo esta obra y saludo la producción teológica de la Iglesia Apostólica de la Fe en Cristo Jesús en México. ¡*Parabéns*!

~ *Dr. David Mesquiati Oliveira*
Doctor en Teología por la Pontificia Universidad Católica
de Río de Janeiro y docente en el programa de Postgrado en Ciencias de
las Religiones de la Facultad Unida de Vitória,
en el Estado de Espírito Santo
Brasil

INDICE

PRÓLOGO

El libro del Rev. Eleuterio Uribe Villegas, *Pentecostés el Nuevo Sinaí: La Revelación que Marcó la Teología del Nuevo Testamento* es una obra de *teología bíblica* que planta un hito en la historia de las ciencias bíblicas y teológicas.

Eleuterio Uribe, biblista de larga trayectoria, Secretario Nacional de Educación Cristiana de la Iglesia Apostólica de la Fe en Cristo Jesús, IAFCJ, nos entrega aquí el producto de más de treinta años de investigación. Su producción se concentra esta vez en lo que llamaríamos una ***Teología del Nombre*** mostrando la centralidad de Jesucristo en Pentecostés como Señor y Dios, centro de la revelación y de la historia de la salvación. Obra indispensable para comprender la centralidad de la revelación de Dios en Cristo, hecho Señor y Mesías, así como de la majestad de su Gloria y su importancia como hecho teologal para la salvación de la humanidad.

En siete enjundiosos capítulos, Eleuterio Uribe nos muestra cómo el acontecimiento *crístico* y *pneumático* de Pentecostés, devino *núcleo* de la teología bíblica, fundamento insustituible de toda teología cristiana.

La teología del suceso de *lo* pentecostal de Eleuterio Uribe abre grandes y novedosos *surcos* para la teología pentecostal en particular y para la pentecostalidad universal. Su hermenéutica teológica sobre la historia de la salvación (teología bíblica) coloca fundamentos para la teología histórica, la teología sistemática y aún la teología práctica en perspectiva pentecostal.

Otro aporte importante de este libro es que el relevamiento de la centralidad de la Gloria de Dios y la revelación del Nombre de Dios en Cristo arroja nuevas luces sobre la *estructura orgánica* para una *teología de lo pentecostal*. No en el sentido denominacional, sino en su dimensión universal como sentido del cristianismo mundial, *lugar teológico* que he denominado *pentecostalidad* y se refiere a la acción del Espíritu Santo en el mundo y en la iglesia una, santa, universal y apostólica.

Demás está decir que el estudio de Uribe descubre, en esa estructura, ejes fundamentales de la fe cristiana, tales como el sentido del plan de salvación, amén de los elementos claves de la doctrina cristiana: la teología del *señorío* mesiánico, la *cristología* pneumática, la *comunidad pentecostal de la promesa* (eclesiología cristológica), así como la *escatología regia* o del Reino de Dios. Con esta obra, insisto, Eleuterio Uribe ha colocado fundamentos bíblicos para una posible *noemática de lo pentecostal* como hecho fundante, tanto como para la construcción de una *ética* y *estética* personal y social a partir de *lo pentecostal* como núcleo básico de la fe.

Dialogando con biblistas contemporáneos e intérpretes de la pentecostalidad mundial, Eleuterio Uribe nos entrega lo que será a mi juicio un libro de trascendencia internacional, porque escapa de las exigencias propiamente confesionales de la teología, para alzar un vuelo teórico más global. Agradecemos infinitamente por esta producción teológica y esperamos que pronto sea recibida por *la comunidad teológica internacional*, y sea traducida, al menos, al portugués y al inglés para una difusión mayor.

No me queda más que agradecer a Dios haber podido conocer al Rev. Eleuterio Uribe y enriquecerme con el contenido de su libro. De su *Teología del Nombre*, dejé constancia en mi libro *El Principio Pentecostalidad* (2016) porque tras escuchar un avance de su novedosa propuesta teológica en el congreso académico de la *Red Latinoamericana de Estudios Pentecostales (RELEP)* ese mismo año, no solo quedé deslumbrado por su claridad, sino que, antes de publicarlo como libro[1], tuve que rearticular mi propia interpretación del suceso pentecostal que entonces llamé *deutero-Sinaí*.

Hoy que este novedoso libro de Eleuterio ve la luz, avizoro una crítica favorable por su aporte a la teología bíblica y a los fundamentos bíblico-teológicos para la comprensión de la identidad pentecostal.

~Dr. Bernardo Campos
Teólogo Pentecostal,
Miembro fundador de la Red Latinoamericana
de Estudios Pentecostales, RELEP
Perú

---

[1] Bernardo Campos, *El Principio Pentecostalidad: La Unidad del Espíritu, Fundamento de la Paz*. Oregón, Estados Unidos: Kerigma Publicaciones, 2016: 29-44

INTRODUCCIÓN

Sin duda alguna, el centro teológico del Nuevo Testamento es el tema de la muerte y resurrección de Cristo, como el acontecimiento salvífico por excelencia de la gracia de Dios manifestada en favor de la humanidad. No obstante, lo anterior, el tema del Espíritu Santo es el ingrediente más cercano al tema de la muerte y resurrección de Jesús[2]. Es decir, el Espíritu Santo es cristo céntrico. Esto no hay que perderlo de vista a la hora de analizar exegéticamente el derramamiento del Espíritu Santo el día del Pentecostés narrado en Hechos 2:1ss., si queremos que nuestro análisis logre dar en el blanco en sus resultados interpretativos; algo que pretendemos en este breve escrito.

Además, debemos establecer que, aunque ciertamente Pedro aparece en el texto de Hechos 2, como el primer intérprete del Pentecostés, es importante señalar que no es el único, pues la misma redacción Lucana nos ofrece ya una interpretación comunitaria de lo que significó la experiencia del Espíritu Santo para la vida, fe, identidad, doctrina, salvación, multiplicación, ministerio y misión de la iglesia; razón por la cual Lucas escribe el libro de los Hechos. Es decir, su interés no es histórico

---

[2] Para abundar más sobre este aspecto cristo céntrico del tema del Espíritu Santo en el Nuevo Testamento puede ver a: Fee, Gordon D. (2007). *Pablo, el Espíritu y el pueblo de Dios*. Miami FL: Editorial Vida. Gordon Fee logra demostrar en su libro que el tema del Espíritu nutre gran parte de las Epístolas de Pablo y de todo el Nuevo Testamento siendo asombrosamente cristo céntrico.

solamente, sino teológico también; quiere explicarnos cómo marcó el Espíritu Santo la identidad, fe y misión de la iglesia desde su derramamiento en Jerusalén, y se expandió a todo el mundo conocido de entonces.

A todo lo anterior se suma la *teología del Espíritu* de Pablo, del cual pudo ser que el mismo Lucas haya dependido teológicamente para su propia interpretación, en algunos aspectos, o tal vez alguna mutua retroalimentación, pues como todos sabemos, fue compañero de Pablo en algunos de sus viajes misioneros, donde seguramente se empapó de muchas de las ideas teológicas del apóstol acerca del Espíritu Santo.

En este rastreo exegético nos enfocaremos en señalar la importancia que tuvo la experiencia del Espíritu Santo para la comprensión del Nombre de Jesucristo, y lo esencial del nombre para el perdón de los pecados y la revelación de la plena divinidad manifestada en Jesús. Así, pues, nuestro análisis, precisamente, se enfocará en examinar la importancia del Sermón de Pedro, de la narrativa de Lucas y algunos aspectos de la teología del Espíritu Santo hecha por Pablo, en donde esencialmente se nutre del Pentecostés para su reflexión teológica.

Trataremos así de encontrar muchos aspectos de la unicidad y la revelación del nombre como el fundamento apostólico por excelencia en la predicación de las buenas nuevas.

El libro está dividido en siete capítulos y se propone mostrar un panorama de la historia de la salvación, descubriendo la centralidad de Pentecostés. No la fiesta, sino el acontecimiento de revelación de la Palabra de Dios en Cristo, sellando el Nuevo Pacto. Pentecostés viene siendo, en la teología bíblica un parteaguas entre la revelación vétero testamentaria y la *novo* testamentaria.

El *primer capítulo* Pentecostés, centro de la revelación divina discurre sobre la conciencia apostólica nacida el día de Pentecostés; la relación entre cristología y pneumatología; el cumplimiento de las profecías de Jeremías y Ezequiel sobre el nuevo Pacto, así como el papel del Espíritu Santo en el orden de salvación (*ordo salutis*), demostrando la centralidad teológica de Pentecostés en el horizonte universal de la Revelación.

El *capítulo segundo,* estudiamos Pentecostés como nuevo Sinaí. De la misma forma como el Señor, Jehová, descendió en el Sinaí, ahora en Pentecostés desciende en Espíritu revelando su Nombre (Jesús) como el nombre más excelente y glorioso, Nombre sobre todo nombre.

El *capítulo tercero,* discute la nueva revelación de Nombre de Jehová anticipada por los profetas Joel y Ezequiel, base y fundamento de la teología apostólica del Nombre.

El *capítulo cuarto,* muestra cómo Pentecostés ha sido el eje fundamental en la teología paulina. A la luz de Pentecostés el apóstol San Pablo puede establecer comparaciones entre el Sinaí y el acontecimiento de Pentecostés. Entiende que la regeneración es una obra que viene del Antiguo Testamento y luego comprende que el Señor es el Espíritu presente ahora desde el acontecimiento pentecostal.

El *capítulo quinto,* por eso, revela cómo Pentecostés llegó a ser el eje de la teología del apóstol Pablo. Temas paulinos de la autoridad del mesías para perdonar pecados, la importancia de la vocación del Nombre, el trasfondo teológico del bautismo en el Antiguo Testamento, culminan en la rendición de toda rodilla y toda lengua confesando que Jesucristo es el Señor. Para muchos resultará novedoso reconocer el influjo de Pentecostés en la teología paulina, cuyo fundamento último es la teología hebrea de la unicidad y majestad de Dios, pero aquí queda claro.

El *capítulo sexto*, muestra que Pentecostés, en el plan eterno de Dios, fue una promesa revelada al patriarca Abraham. Pocas veces se ha hablado de la promesa del Espíritu en la fe de Abraham por eso intentamos aquí la aproximación paulina al tema. Se muestra cómo el evangelio predicado por los apóstoles es el mismo que Dios anunció anticipadamente desde Abraham.

El *Capítulo séptimo*, habla de Pentecostés como Herencia del Espíritu, elemento clave para la identidad pentecostal. Herencia que vocaciona para la adoración a Dios en Espíritu y en verdad y para el cumplimiento ministerial. Terminamos mostrando la relación entre misión y escatología, de camino a la consumación de los tiempos, donde toda lengua, tribu y nación adorará al Padre en su gloria y majestad.

Eleuterio Uribe Villegas
México 2020

1

PENTECOSTÉS, CENTRO DE LA REVELACION DIVINA

El derramamiento del Espíritu Santo ocurrido en Jerusalén, hizo que el día del Pentecostés se convirtiera en uno de los momentos culminantes de la revelación de Dios a su pueblo. Estoy convencido que una revisión minuciosa del Antiguo y el Nuevo Testamento a la luz de lo ocurrido en Hechos 2:1-41, según lo narra Lucas, nos mostraría con suma claridad, la centralidad teológica y revelacional que posee el derramamiento del Espíritu Santo, en los planes y propósitos de Dios para toda la humanidad.

No obstante, lo anterior, también creo firmemente que lo ocurrido el día del Pentecostés con el derramamiento del Espíritu Santo, no ha sido valorado en toda su magnitud la importancia que tiene como acontecimiento central de los planes de Dios, para toda la teología desarrollada en el Nuevo Testamento y la revelación teológica gradual que viene desde el Antiguo Testamento, y que detona de manera extraordinaria, precisamente, el día del Pentecostés con el descenso del Espíritu Santo sobre la iglesia. Esta afirmación, a manera de hipótesis si se quiere, es tan cierta, que intentaremos demostrar en este libro que toda la teología del Antiguo Testamento, con sus muchas profecías tendrán un punto culminante de revelación teológica, precisamente, en el derramamiento del Espíritu Santo el día del Pentecostés. Como también, la revelación cumbre puesta al descubierto en este día, será fundamento teológico de todo el pensamiento del Nuevo Testamento.

Demostraremos, aunque a grandes pinceladas, que la teología del apóstol Pedro, Lucas, Pablo, sólo pueden ser entendidas a mayor profundidad y magnitud vistas exegéticamente a la luz del derramamiento del Espíritu Santo el día del Pentecostés, y la revelación extraordinaria entregada por Dios ahí a la iglesia, quien representa el nuevo recipiente de la revelación de Dios, y a quien se le dota, precisamente, en Pentecostés, de la capacidad para cumplir la misión de llevar el conocimiento del verdadero Dios hasta lo último de la tierra, misión que Israel no pudo cumplir. La iglesia aparece así, implícitamente ya, como el nuevo pueblo de Dios, a quien se desafía y encarga, hacer llegar la gloria de Dios a todas las naciones.

Además, mostraré que los grandes temas teológicos del Nuevo Testamento, no fueron desarrollados por los apóstoles ignorando la paternidad revelacional que ejerció sobre ellos el derramamiento del Espíritu Santo en Jerusalén, y en las experiencias posteriores, más bien, desarrollaron sus pensamientos teológicos y los plasmaron en el Nuevo Testamento, con la clara conciencia de que eran deudores a la gracia de Dios revelada el día del Pentecostés, y que a Dios le había placido entregarle a ellos.

A. Conciencia Apostólica de la revelación acontecida el día del Pentecostés

Así, pues, en abono inicial de lo que hasta aquí le he compartido, le invito, por ejemplo, a que observe las palabras de Pedro escritas en su primera carta universal. Vea con detenimiento cómo interpreta y afirma con suma claridad, cuál es el origen y fundamento teológico de la revelación que recibieron para predicar el evangelio. Sus propias palabras fueron dichas de la siguiente manera:

> *"Los **profetas que profetizaron** de la gracia destinada a vosotros, inquirieron y diligentemente indagaron acerca de esta salvación, escudriñando qué persona y qué tiempo **indicaba el Espíritu de Cristo** que estaba en ellos, el cual anunciaba de antemano los sufrimientos de Cristo, y las glorias que vendrían tras ellos. A éstos **se les reveló** que no para sí mismos, sino para nosotros, administraban las cosas que ahora os **son anunciadas por los que os han predicado el evangelio por el Espíritu Santo enviado del cielo;**

cosas en las cuales anhelan mirar los ángeles", 1 Pedro
1:10-12.

En virtud de lo anterior, podemos observar que Pedro no
tiene la menor duda, como tampoco ninguna imprecisión,
sino una total y absoluta claridad, él está plenamente seguro
que quienes ahora predicamos[3] el Evangelio (apóstoles, iglesia), se debe a que nos fue revelado por las distintas fuentes
de la gracia de Dios, destinada precisamente para este tiempo,
refiriéndose al ministerio, muerte y resurrección de Jesús,
como también al derramamiento del Espíritu Santo el día del
Pentecostés, momento culminante en que los apóstoles en-
tienden a mayor plenitud la gracia de Dios y sus planes salvíficos. Lo anterior lo podemos esquematizar de la siguiente
manera:

Fuentes de la gra-cia revelacional de Dios	Afirmación teológica de Pedro que la sustenta
Los profetas	*Los **profetas que profetizaron** de la gracia destinada a vosotros,*
Jesucristo	*inquirieron y diligentemente indagaron acerca de esta salvación, escudriñando qué persona y qué **tiempo indicaba el Espíritu de Cristo** que estaba en*

---

[3] Pedro emplea una frase extraordinaria con el pronombre de primera persona plural
para referirse a la revelación que el Espíritu Santo les entregó el día del Pentecostés (a
los apóstoles y a los ciento veinte con ellos), y que se había dado a Israel desde los
profetas: *"A éstos se les reveló que no para sí mismos, sino para **nosotros**, administraban las
cosas que ahora os **son anunciadas por los que os han predicado el evangelio por el
Espíritu Santo enviado del cielo".*

	ellos, el cual anunciaba de antemano los sufrimientos de Cristo, y las glorias que vendrían tras ellos
El Espíritu Santo (enviado del cielo: alusión a pentecostés)	*administraban las cosas que ahora os **son anunciadas por los que os han predicado el evangelio por el Espíritu Santo enviado del cielo***

Es indudable la clara conciencia de Pedro a todo lo que significaba la revelación acontecida el día del Pentecostés, cuando la iglesia recibió *"el Espíritu Santo enviado del cielo"*, frase con la que alude al derramamiento del Espíritu en Jerusalén, y por qué no, a sus posteriores experiencias de derramamiento en la iglesia hasta hoy.

Por lo anterior, no se puede negar la importancia que tienen las palabras de Pedro, pues se trata del mismo apóstol que predicó el día del Pentecostés el primer sermón, del cual como resultado se convirtieron y bautizaron tres mil personas, mismas que se añadieron a la iglesia, marcando de esta manera el nacimiento de ella, como fruto del Espíritu Santo, y la manifestación culminante de la gracia de Dios revelada ese día.

Este acontecimiento estaba previsto por el soberano decreto de Dios, según lo dijeron los profetas, para marcar a la iglesia como nuevo pueblo de Dios, en cuanto a su fe, misión, vida, poder, unción y gracia que había de desarrollar el cuerpo de Cristo, dotado por el fuego del Espíritu Santo y la gracia salvífica de Dios manifestada en la muerte y resurrección de Jesucristo.

Así, pues, buscaremos en cada capítulo que iremos desarrollando en este libro, vayamos abonando para demostrar esta afirmación, que por principios de cuentas puede parecer muy pretenciosa, pero que, de la cual, nos sentimos convencidos en estar en la línea de investigación correcta.

Por lo pronto, mostraré a continuación, por lo menos, dos aspectos centrales que nos ayudarán a ver inicialmente ya, por qué el derramamiento del Espíritu Santo el día del Pentecostés se convirtió en un parteaguas revelacional en la teología bíblica, tanto del Antiguo, como del Nuevo Testamento.

B. Cristología y Pneumatología en el Pentecostés

En virtud de lo anterior, quiero subrayar, a manera de preámbulo de lo que posteriormente habremos de seguir desarrollando en este libro, en primer lugar, que uno de los grandes temas teológicos revelados profundamente el día del Pentecostés, es el tema de la muerte y la resurrección de Jesucristo, lo que, para mí, incluso, es **el centro teológico de toda la Biblia,** de lo cual los doce apóstoles fueron testigos oculares y presenciales.

El derramamiento del Espíritu Santo el día del Pentecostés elevó el entendimiento de los apóstoles de la muerte y resurrección de Jesucristo, como la revelación más profunda de la gracia salvífica de Dios manifestada en favor de su pueblo.

Por eso, no es casual que en Hechos 2:1-41, pasaje que narra precisamente todo lo acontecido el mismísimo día del

Pentecostés, la muerte y resurrección de Jesucristo fue tema central del sermón de Pedro, una vez que la multitud pregunta ¿qué quiere decir esto? al ver el derramamiento del Espíritu Santo; pregunta que manifiesta la *intención hermenéutica*[4] de la multitud al ver lo acontecido ese día.

En vista de lo anterior, el apóstol Pedro se dedica a explicar, no sólo el significado de lo que ocurre ese día con el derramamiento del Espíritu Santo, el fenómeno de la glosolalia y la manifestación profética de los que hablan en las propias lenguas (idiomas) de la multitud ahí reunida. Una vez que les aclara que esos fenómenos son el cumplimiento de la profecía de Joel acerca del derramamiento del Espíritu Santo, su sermón gira a desarrollar como tema central, explicar el gran significado salvífico de la muerte y la resurrección de Jesucristo.

La revelación cristológica y pneumatológica de Dios el día del Pentecostés, aparecen como indispensablemente juntas ¿Por qué los dos grandes temas teológicos aparecen unidos el día del Pentecostés, tanto el derramamiento del Espíritu Santo y el significado teológico de la muerte y resurrección de Jesucristo? Sin temor a equivocarnos, decimos que se debe a que ambos eran necesarios para demostrar que **el acontecimiento soteriológico** por excelencia estaba sucediendo frente a los ojos de los ahí presentes, como parteaguas de la historia y cumplimiento de las profecías teológicas centrales

---

[4] Este sentido hermenéutico de la multitud al preguntar ¿qué quiere decir esto?, lo explica más ampliamente Bernardo Campos en su libro: *El Principio Pentecostalidad: La Unidad del Espíritu, Fundamento de la Paz*. Oregón, Estados Unidos: Kerigma Publicaciones, 2016.

del Antiguo Testamento: el cumplimiento de las profecías mesiánicas salvíficas del **nuevo pacto**.

El derramamiento del Espíritu Santo y la gracia salvífica de Dios revelada en Jesucristo, van de la mano. A final de cuentas, Cristo mismo era quien había derramado el Espíritu Santo, por eso había ascendido a los cielos, para derramarlo sobre su iglesia, el apóstol lo dijo con claridad: *"Así que, exaltado por la diestra de Dios, y habiendo recibido del Padre la promesa del Espíritu Santo, ha derramado esto que vosotros veis y oís"* (Hechos 2:33).

Así, pues, la pneumatologia manifestada por el derramamiento del Espíritu Santo el día del Pentecostés, revela, por principio de cuentas, una cristología con un fuerte sabor soteriológico: las profecías que anunciaban la gracia salvífica de Dios para todos los pueblos de la tierra se empezaban a cumplir a partir de ese día, con el derramamiento del Espíritu Santo y la comprensión de la gracia salvífica de Dios manifestada en Jesucristo, en su muerte y resurrección.

Por eso, tres mil personas de todas las naciones bajo el cielo, y de todos los idiomas del mundo de entonces conocido, setenta se creía que había en ese tiempo, se arrepintieron y se bautizaron ese día, **en el nombre de Jesucristo, para el perdón de sus pecados**. Estos tres mil declararon así su fe, de que el perdón de sus pecados y el derramamiento del Espíritu Santo les venían por la gracia de Dios manifestada en Jesucristo:

> *"Al oír esto, se compungieron de corazón, y dijeron a Pedro y a los otros apóstoles: Varones hermanos, ¿qué*

26

haremos? Pedro les dijo: Arrepentíos, y bautícese cada uno de vosotros **en el nombre de Jesucristo para perdón de los pecados; y recibiréis el don del Espíritu Santo.** *Porque para vosotros es la promesa, y para vuestros hijos, y para todos los que están lejos; para cuantos el Señor nuestro Dios llamare. Y con otras muchas palabras testificaba y les exhortaba, diciendo: Sed salvos de esta perversa generación. Así que,* **los que recibieron su palabra fueron bautizados;** *y se añadieron aquel día como tres mil personas"* Hechos 2:37-41

Sin tener lugar a dudas, los versos 37-41 nos muestran que, el derramamiento del Espíritu Santo y la soteriología de la muerte y la resurrección de Jesucristo desembocan en una teología del Nuevo Pacto revelada el día del Pentecostés.

Para muchos teólogos y exégetas, lo anterior, no ha logrado quedar plenamente claro, en gran parte, porque el sermón de Pedro se focaliza tomando como base a Joel 2:28-32. Esto nubla un poco la vista para revisar pentecostés a la luz de Jeremías y Ezequiel, profetas del nuevo pacto, a los cuales aludió Jesucristo cuando celebro la última cena con sus discípulos: *"De igual manera, después que hubo cenado, tomó la copa, diciendo: Esta copa es el nuevo pacto en mi sangre, que por vosotros se derrama"* (Lucas 22:20).

Por eso Pedro predicará sobre la muerte y resurrección de Jesucristo y el derramamiento del Espíritu Santo. Era, precisamente predicar sobre el nuevo pacto como uno de los grandes cumplimientos proféticos que estaban sucediendo el día del Pentecostés.

C. La profecía del Nuevo Pacto: Jeremías y Ezequiel

Jeremías y Ezequiel fueron dos profetas que lograron ver y entender, por revelación divina, la necesidad de un Nuevo Pacto[5] entre Dios y su pueblo. Pero, de manera por demás extraordinaria, lograron entender que esta nueva alianza necesitaba de dos elementos centrales, para que Dios pudiera establecerlo con la garantía de que su pueblo no volvería a fallarle quebrantándolo y siéndole infiel.

Uno de los elementos centrales para renovar la alianza (hacerla de nuevo), demandaba el perdón de los pecados, pues el pueblo de Israel le había fallado rompiendo el pacto, así, comenzar de nuevo demandaba del perdón de Dios.

Otro aspecto central de esta *nueva alianza* tenía que ver con el hecho de que Israel necesitaba un corazón nuevo, regenerado, con capacidad para amar a Dios y obedecer sus mandamientos. El fin era garantizar que no volviera a ser infiel al pacto, al nuevo pacto que ahora Dios prometía realizar en un futuro cercano, pues, el pacto que Yahvé había hecho con ellos en el Sinaí, lo habían roto, invalidado y quebrantado.

---

[5] Fee D. Gordon. *Pablo, el Espíritu y el Pueblo de Dios.* Miami, FL., Editorial Vida. Págs.16-17. Comenta de manera excelente, en breves palabras, que Jeremías y Ezequiel profetizaron con gran claridad el papel del Espíritu Santo en establecimiento del Nuevo Pacto el día del Pentecostés.

Así que, perdón de pecados y regeneración de la mente y el corazón del pueblo, eran elementos que sólo la gracia de Dios podía dar, proveer y plantar en el interior de la persona, a fin de garantizar que la solidez del nuevo pacto entre Dios y su pueblo fuera eterna y para siempre.

Ambos elementos de la gracia salvífica de Dios, Jeremías los profetizó de manera clara y precisa, de la siguiente manera:

> *"He aquí que* **vienen días, dice Jehová, en los cuales haré nuevo pacto** *con la casa de Israel y con la casa de Judá. No como el pacto que hice con sus padres el día que tomé su mano para sacarlos de la tierra de Egipto;* **porque ellos invalidaron mi pacto,** *aunque fui yo un marido para ellos, dice Jehová. Pero* **este es el pacto que haré** *con la casa de Israel después de aquellos días, dice Jehová:* **Daré mi ley en su mente, y la escribiré en su corazón; y yo seré a ellos por Dios, y ellos me serán por pueblo.** *Y no enseñará más ninguno a su prójimo, ni ninguno a su hermano, diciendo: Conoce a Jehová; porque todos me conocerán, desde el más pequeño de ellos hasta el más grande, dice Jehová;* **porque perdonaré la maldad de ellos, y no me acordaré más de su pecado"** (Jeremías 31:31-34, RV60; énfasis mío).

Si explicamos lo anterior utilizando una tabla para ilustrarlo más claramente, podremos verlo de la siguiente forma:

Exégesis de Jeremías 31:31-34: La nueva alianza

Jehová promete un nuevo pacto	*"He aquí que* **vienen días, dice Jehová,** *en los cuales* **haré nuevo pacto**
Israel invalidó el pacto anterior (Sinaí)	*No como el pacto que hice con sus padres el día que tomé su mano para sacarlos de la tierra de Egipto; **porque ellos invalidaron mi pacto***
El nuevo pacto demanda como fundamento <u>la gracia regeneradora</u> de Dios obrando en la mente y el corazón de su pueblo	**este es el pacto que haré** *con la casa de Israel después de aquellos días, dice Jehová:* **Daré mi ley en su mente, y la escribiré en su corazón; y yo seré a ellos por Dios, y ellos me serán por pueblo**
El nuevo pacto demanda también como fundamento el perdón de los pecados	**porque perdonaré la maldad de ellos, y no me acordaré más de su pecado**

El pensamiento teológico de Jeremías del nuevo pacto es extraordinario. El pacto, como todos sabemos, representa la alianza, el vínculo legal que establecía y definía la clase de relación que unía a Yahvé (Jehová) con Israel, de tal forma, que Yahvé se convertía, por el pacto, en Dios de ellos, e Israel se convertía en pueblo de Yahvé. Por medio de la alianza, Yahvé e Israel quedaban mutuamente ligados y comprometidos en un pacto de amor eterno.

Ahora, bien, lo que se necesitaba para que la alianza funcionara era la fidelidad mutua entre Dios e Israel, tal y como funciona en el matrimonio un pacto de amor. Yahvé siempre cumplió, por supuesto, fue Israel quien falló e invalidó el pacto del Sinaí.

Por lo anterior, Jeremías profetizó la necesidad de un nuevo pacto. Sabía que Israel había fallado al pacto que había hecho con Dios en el Sinaí. Israel se había prostituido yendo tras dioses ajenos, no había cumplido los niveles de justicia y respeto al prójimo que la ley del pacto le demandaba. Había abandonado al pobre, al huérfano, a la viuda y al extranjero como advertía y enseñaba el Deuteronomio que no debía hacer. Y se había resistido a la voz de los profetas que, vez tras vez, Dios les había enviado para que se arrepintieran de sus malos caminos; y no lo hicieron.

En el Nuevo Testamento, Cristo anunció el cumplimiento del nuevo pacto en su sangre: *"…esta copa es el nuevo pacto en mi sangre, que por vosotros se derrama",* (Lucas 22:20). Por eso, Pedro predica el día del Pentecostés que el fundamento del perdón de los pecados es Jesucristo, su sangre derramada por nosotros, su muerte y resurrección. A partir de esta gran revelación dada con mayor plenitud en el Pentecostés, las afirmaciones cristológicas con énfasis soteriológico recorren todo el Nuevo Testamento, y cobran pleno sentido revisadas a la luz de Pentecostés:

- *"Y **en ningún otro hay salvación**, porque no hay otro nombre debajo del cielo, dado a los hombres, en el cual podamos ser salvos"* (Hch.4:12)

- *"Que, si confesares con tu boca, que **Jesús es el Señor**, y creyeres en tu corazón, que Dios le levantó de los muertos, serás salvo"* (Ro.10:9)

31

- *"Porque nadie puede poner otro fundamento que el que está puesto, el cual es Jesucristo"* (1 Co.3:11)
- *"Edificados sobre el **fundamento de los apóstoles y profetas**, siendo la principal piedra del ángulo, **Jesucristo mismo**"* (Ef.2:20)
- *"Pedro les dijo: Arrepentíos, y bautícese cada uno de vosotros **en el nombre de Jesucristo para perdón de los pecados**; y recibiréis el don del Espíritu Santo. Porque para vosotros es la promesa, y para vuestros hijos, y para todos los que están lejos; para cuantos **el Señor nuestro Dios** llamare"* (Hch.2:38-39)
- *"El cual nos ha librado de la potestad de las tinieblas, y trasladado al reino de su amado Hijo, en quien tenemos redención por su sangre, el perdón de los pecados"* (Colosenses 1:13-14)
- *"En quien tenemos redención por su sangre, el perdón de pecados según las riquezas de su gracia"* (Efesios 1:7)
- *"Por cuanto todos pecaron, y están destituidos de la gloria de Dios, siendo justificados gratuitamente por su gracia, mediante la redención que es en Cristo Jesús, a quien Dios puso como propiciación por medio de la fe en su sangre, para manifestar su justicia, a causa de haber pasado por alto, en su paciencia, los pecados pasados"* (Romanos 3:23-25)

Ahora bien, todas estas afirmaciones cristológicas, con pleno sentido soteriológico que literalmente se pueden ver, fueron hechas por los apóstoles a partir de Pentecostés, pero como cumplimiento teológico de las profecías del Antiguo Testamento sobre el nuevo pacto.

Con la revelación del Espíritu Santo, apóstoles y profetas tenían el mismo fundamento salvífico: Jesucristo, su muerte y resurrección, su sangre derramada en la cruz del calvario, porque, a fin de cuentas, esta es la sangre del Nuevo Pacto.

Así lo dijo Jesucristo mismo, pero, también, lo dijeron los profetas, lo reveló profundamente el Espíritu Santo el día del Pentecostés y lo predicaron los apóstoles con todo género de convicción como el evangelio eterno del reino de Dios.

D. El papel del Espíritu Santo en el Nuevo Pacto

Pero, entonces ¿cuál es el papel del Espíritu Santo en el nuevo pacto? Es quien hace posible la regeneración, el nuevo nacimiento. Él es quien planta el arrepentimiento de las personas para que pongan firmemente su fe en Jesucristo como el único Salvador, el único medio de la gracia salvífica de Dios para la justificación de los pecados. Sin el Espíritu Santo, el ser humano no se puede volver a Dios en fe, arrepentimiento, bautismo e invocación del nombre de Jesucristo, para el perdón de los pecados, como tampoco podría vivir una vida nueva.

Sin embargo, el Espíritu Santo no es algo que adquiere o puede conseguir por su esfuerzo o mérito el ser humano. Más bien, el Espíritu Santo es provisión divina. El mismo es don de la gracia de Dios, es la garantía que provee Dios para que su nuevo pueblo, la iglesia, pueda serle fiel, y su pacto no sea roto nuevamente como sucedió con el del Sinaí.

De esta manera, la gracia de Dios provee tanto el perdón de los pecados por la sangre de Cristo, como también la misma gracia regeneradora del nuevo nacimiento para que su pueblo le sea fiel, y el pacto no sea roto nuevamente. El profeta Ezequiel lo dijo con suma claridad:

> *"Os daré corazón nuevo, y pondré espíritu nuevo dentro de vosotros; y quitaré de vuestra carne el corazón de piedra, y* **os daré un corazón de carne.**
>
> **Y pondré dentro de vosotros mi Espíritu, y haré que andéis en mis estatutos, y guardéis mis preceptos,** *y los pongáis por obra".*

Ezequiel 36:26-27; *subrayado mío.*

Es totalmente claro que, a la luz de la profecía del Antiguo Testamento, Pentecostés representa el cumplimiento del nuevo pacto, en él se revela la gracia salvífica de Dios para el perdón de los pecados como lo dijo Jeremías, pero también se manifiesta la gracia salvífica de Dios que regenera el corazón y la mente de las personas. El testimonio bíblico señala que Jehová pondría su Espíritu dentro de su pueblo, como lo dijo el profeta Ezequiel, pues solo con el Espíritu de Jehová el pueblo del nuevo pacto quedaría habilitado para la obediencia, fidelidad y amor a la ley de Dios.

Sin embargo, en el lenguaje del día del Pentecostés, es el Espíritu Santo quien hace que aquellos que son añadidos a la iglesia, como el nuevo pueblo de Dios, tienen capacidad de creer, arrepentirse y bautizarse, poniendo su fe en la plenitud de la gracia salvífica de Dios manifestada en Jesucristo, para el perdón de sus pecados. Es el Espíritu Santo quien hace que reconozcan y confiesen a Jesucristo como único Señor, Salvador y Dios. Abundaremos sobre esto más adelante.

E. La obra regeneradora del Espíritu Santo el día del Pentecostés

Así, pues, debido a todo lo anterior, Lucas narra diciendo que esta nueva actitud, mente y corazón de los *tres mil* que fueron bautizados en el nombre de Jesucristo, de frente a la gracia de Dios en Jesucristo, manifestada en su muerte y resurrección, en la sangre del nuevo pacto, se debió a que: *"Al oír esto, se* **compungieron de corazón,** *y dijeron a Pedro y a los otros apóstoles: Varones hermanos, ¿qué haremos?"* (Hechos 2:37).

Esta multitud se convirtió de corazón a la fe en la gracia salvífica de Dios manifestada plenamente en Jesucristo, a pesar de haberle crucificado y rechazado. Así, a pesar de que trataron a Jesús como piedra reprobada, ahora, por el poder regenerador del Espíritu Santo, le miraban con fe y arrepentimiento, seguros y firmes, sin temor a equivocarse, de que Jesús era la piedra angular, el único fundamento del perdón de sus pecados y de la vida eterna, y que, por si fuera poco, en ningún otro había salvación:

*"Sepa, pues, ciertísimamente toda la casa de Israel, que **a este Jesús a quien vosotros crucificasteis**, Dios le ha hecho Señor y Cristo"* (Hechos 2:36; *subrayado* mío)

"Este Jesús es la piedra reprobada por vosotros los edificadores, la cual ha venido a ser cabeza del ángulo. *Y en ningún otro hay salvación; porque no hay otro nombre* bajo el cielo, dado a los hombres, en que podamos ser salvos"* (Hechos 4:11-12; *subrayado mío*)

Este cambio de actitud extraordinario fue llevado a cabo por la obra regeneradora del Espíritu Santo. El arrepentimiento y bautismo invocando el nombre de Jesucristo, fue un profundo acto de fe en la gracia salvífica de Dios manifestada en toda su plenitud en Jesús, no fue un acto meramente simbólico, sino un acto maravilloso obrado por el poder regenerador del Espíritu Santo.

Fue todo un cambio radical de actitud y de fe. Y cómo podría ser de otra manera, si *"se **compungieron de corazón"***, al oír la palabra. Este verbo "compungir", es el vocablo griego "**katanússo**[6]" (κατανύσσω), en realidad significa "perforar hasta atravesar", lo cual da la idea de que, al oír las palabras del sermón de Pedro, espiritualmente hablando, fueron "afligidos profundamente" en su corazón por haber cometido un error decisivo en sus vidas. Se dieron cuenta de su grave error, pero no quedó solo en remordimiento; fue una experiencia regeneradora, pues, tomaron la decisión de enmendar su actitud y

---

[6] Diccionario Strong, G2660

estilo de vida, acudiendo a los apóstoles. Por eso preguntaron *¿qué haremos?*

Pedro les dijo que se arrepintieran y se bautizaran *en el nombre* de Jesucristo, para el perdón de sus pecados. Prácticamente, el tema de la justificación por la fe se encuentra implícitamente revelado en el derramamiento del Espíritu Santo el día Pentecostés ¿Será que Pablo se inspiró en gran parte en el Pentecostés para desarrollar el tema de la justificación por la fe? No tengo dudas al respecto. Así fue. Abordaremos este punto más adelante y con mayor amplitud.

F. La centralidad teológica del Pentecostés en la revelación de Dios

No nos cabe absolutamente ninguna duda, Pentecostés representa uno de los centros teológicos más importantes de la revelación de Dios. Con el derramamiento del Espíritu Santo, muchas de las profecías promesas del Antiguo Testamento llegaron a su fiel cumplimiento: la comprensión profunda de la muerte y resurrección de Jesucristo como la sangre del nuevo pacto; la obra regeneradora del Espíritu de Jehová en el interior de su pueblo, generando una nueva mente y un nuevo corazón. En otras palabras, un nuevo nacimiento; la promesa del perdón de los pecados como base del nuevo pacto hecha por Jeremías profeta, en otras palabras, la promesa de la justificación de los pecados por la fe; y muchísimas más profecías y promesas que se cumplieron, pero que las reservaremos para ir explicando en otros capítulos.

Por lo pronto, y de manera preliminar, en este capítulo se puede observar que el apóstol Pedro, indudablemente, entendió a profundidad, la importancia central del derramamiento del Espíritu Santo para la regeneración de las personas, como también para la comprensión de la importancia teológica central de la muerte y resurrección de Jesucristo, para el perdón de los pecados.

Dos elementos centrales del Nuevo Pacto prometido por Ezequiel y Jeremías, profetas del exilio, que vieron al reino del norte y del sur exiliados de su tierra, porque Jehová los había expulsado, tal y como el marido repudia a la mujer adúltera por haberle fallado e invalidado el pacto matrimonial de perpetuo amor.

El nuevo pacto, por lo tanto, tenía que tener como fundamento el perdón de los pecados y la regeneración del nuevo pueblo de Dios con una mente y un corazón nuevo, fiel a Dios, de otra forma, el pueblo le volvería a fallar.

Por lo anterior, podemos afirmar con toda seguridad que gran parte del Antiguo Testamento, si no es que todo, detonó en un profundo cumplimiento el día del Pentecostés, y trajo como resultado toda una teología nueva, extraordinaria y maravillosa que hoy llamamos **Nuevo Testamento.**

Al final de cuentas, la frase "Nuevo Testamento", no es otra cosa que teología del nuevo pacto, cumplimiento del antiguo, con su vertiente cristológica y pneumatológica. Es decir, la profecía y teología del perdón de los pecados (soteriología) como fundamento del nuevo pacto dicha por Jeremías, y revelada en Pentecostés, demandaba necesariamente de la sangre del pacto (cristología), y de la obra regeneradora del Espíritu Santo (pneumatología).

Todo esto llegó a su total cumplimiento y plena revelación el día del Pentecostés.

¡Maravillosos los planes de Dios!

2

PENTECOSTÉS, EL NUEVO SINAÍ

Sin duda alguna, el centro teológico del Nuevo Testamento es el tema de la muerte y resurrección de Cristo, como el acontecimiento salvífico por excelencia, de la gracia de Dios manifestada en favor de la humanidad.

La sangre de Cristo derramada en el calvario proveyó el fundamento principal para que Dios estableciera un nuevo pacto con su pueblo, el cual había sido profetizado desde el Antiguo Testamento por boca de Jeremías.

Este fundamento anunciado era el perdón de los pecados:

> *"Pero **este es el pacto que haré** con la casa de Israel después de aquellos días, dice Jehová: **Daré mi ley en su mente, y la escribiré en su corazón; y yo seré a ellos por Dios, y ellos me serán por pueblo**. Y no enseñará más ninguno a su prójimo, ni ninguno a su hermano, diciendo: Conoce a Jehová; porque*

todos me conocerán, desde el más pequeño de ellos hasta el más grande, dice Jehová; porque **perdonaré la maldad de ellos, y no me acordaré más de su pecado"**.

Ahora, bien, Jeremías, con asombrosa precisión, claramente anunció que ese "Nuevo Pacto[7]", incluía fuertemente, para su total cumplimiento, que Dios, por la intervención de su gracia, escribiera sus mandamientos en lo profundo del corazón y la mente de su pueblo, a fin de que su pueblo los pusiera por obra, y no le volviera a Fallar.

Tal intervención de la gracia de Dios en el corazón de su pueblo, la anunció Ezequiel como una obra de la gracia y voluntad de Yahvé (Jehová), de poner su Espíritu dentro de su pueblo, y generar de esta manera, una nueva mente y un nuevo corazón. Así, se cumplirá el propósito de Jehová: *"y yo seré a ellos por Dios, y ellos me serán por pueblo"*.

En virtud de lo anterior, se puede observar que el derramamiento del Espíritu Santo, acontecido el día del Pentecostés, era también un elemento esencial de la gracia salvífica de Dios que era indispensable revelar el día del Pentecostés, para lograr con todo género de éxito el establecimiento del Nuevo Pacto, profetizado por Jeremías y Ezequiel.

Así, pues, de esta forma, tanto la muerte y la resurrección de Jesús, como el derramamiento del Espíritu Santo aparecen unidos, en el lenguaje profético de Jeremías y Ezequiel, como

---

[7] Fee D., Gordon (2007). *Pablo, el Espíritu y el Pueblo de Dios*. Miami, FL., Editorial Vida:

manifestaciones de la gracia de Dios para que el éxito del nuevo pacto se haga realidad.

Por esa razón, el derramamiento del Espíritu Santo en Pentecostés contiene eminentemente una revelación cristocéntrica[8], no importa si se tenga que hablar de la regeneración o justificación del creyente, estas obras del Espíritu siempre serán "en Cristo"[9].

Sin embargo, lo que hay que establecer de estos dos profetas, es que ellos anunciaron el derramamiento del Espíritu Santo, no sólo como el día en que Jehová establecería con su pueblo un nuevo pacto, sino que también este nuevo pacto tendría como una de sus novedades y características especiales, que la ley pasaría de estar grabada en tablas de piedra, a estar grabada en el corazón y la mente de su pueblo.

Así, para estos profetas, el nuevo pacto sería un acontecimiento tan especial como lo acontecido en el Sinaí, de tal forma que el Sinaí sería rebasado con mucho por el nuevo pacto. Para ellos, el nuevo pacto sería un **nuevo Sinaí**, teológicamente hablando, pero, con una revelación de Dios mucho más gloriosa y especial. Por ello, para comprender a mayor profundidad la revelación acontecida el día del Pentecostés, es esencial examinar el derramamiento del Espíritu Santo a la luz

---

[8] Para abundar más sobre este aspecto cristo céntrico del tema del Espíritu Santo en el Nuevo Testamento puede ver a: Fee, Gordon D. (2007). *Pablo, el Espíritu y el pueblo de Dios*. Miami FL: Editorial Vida. Gordon D. Fee logra demostrar en su libro que el tema del Espíritu nutre gran parte de las Epístolas de Pablo y de todo el Nuevo Testamento siendo asombrosamente cristo céntrico.

[9] Para muestra del carácter cristo céntrico de la obra regeneradora del Espíritu, vea las palabras de Pablo en 2Co.5:17: *"De modo que, si alguno está en Cristo, nueva criatura es; las cosas viejas pasaron; he aquí todas son hechas nuevas"*.

de la revelación de Yahvé acontecida en el **Sinaí**, evento teológico central del Antiguo Testamento.

Lo anterior, nos presenta dos posibilidades de investigación teológica del Pentecostés. La primera posibilidad es analizar el Pentecostés versus el Sinaí, como dos eventos que se contraponen uno a otro. La segunda posibilidad es analizar el Pentecostés como un nuevo Sinaí. Por lo anterior, optaremos en este capítulo por examinar el Pentecostés como un Nuevo Sinaí[10].

A. Hechos 2:1-41, nuestro punto de partida ¿Qué quiere decir esto? [11]

Tal y como le pasó a la multitud reunida por el estruendo, el viento recio y las lenguas repartidas como de fuego el día del Pentecostés, que se preguntaron sobre lo que oían y miraban: **¿qué quiere decir esto?**; creo que también nosotros seguimos preguntándonos lo mismo, tratando de captar todo el significado y la revelación que Dios nos quiere entregar como iglesia, precisamente, desde el día del Pentecostés hasta hoy, y

---

[10] Ibid. Para más información de por qué debemos examinar Pentecostés como un nuevo Sinaí, puede ver las siguientes páginas del libro de Gordon D. Fee: 9-24

[11] Sobre la importancia que adquiere la pregunta hermenéutica que se hace la multitud, le recomiendo leer a: Campos, Bernardo (2016). *El Principio Pentecostalidad: Unidad en el Espíritu, Fundamento de la paz*. Concepción, Chile: Ediciones CEEP. Su excelente comentario sobre la multitud que se pregunta por el significado del derramamiento del Espíritu me brindó las pistas iniciales para entender el pasaje de Hechos 2:1-41 como un diálogo suscitado por Dios para revelar su plena y absoluta divinidad en Jesucristo y a través de su Nombre. Esto me llevó a seccionar el pasaje en tres grandes diálogos desarrollado por distintos interlocutores que aportan comprensión a lo qué significa el derramamiento del Espíritu, precisamente, el día del Pentecostés.

que actualiza de nueva cuenta a través de los avivamientos pentecostales que en nuestra propia época Él sigue enviando.

La necesidad de captar el significado está articulada con el deseo ardiente de serle fieles a Dios, y para ello tenemos que volver a poner nuestros ojos y oídos, en la revelación de Dios entregada a la iglesia el día del Pentecostés y restaurada hoy con los avivamientos pentecostales de nuestro tiempo.

La historia y la Biblia nos han demostrado que dicho acontecimiento nos fue dado como una fuente inagotable de revelación, a la cual, hasta el día de hoy podemos seguir acudiendo y encontrar nuevas líneas de significado y aplicación a nuestro contexto actual. Es una fuente que nutre a la iglesia de poder y sabiduría, para llevar a cabo la misión de Dios en este mundo hambriento de significado verdadero.

Sin embargo, nuestro análisis examinará, aunque no tan exhaustivamente, lo que entendieron los apóstoles, también lo que entendió Lucas y cómo lo plasma en su narrativa del acontecimiento pentecostal en ese día. De igual modo lo que el mismo apóstol Pablo comprendió y desarrolló en sus grandes temas del nuevo nacimiento y la justificación por la fe, cómo se nutrió e inspiró en su mayor parte de la revelación del Pentecostés y de las profecías de Jeremías y Ezequiel.

Por supuesto, quedará mucho por seguir examinando, pero, sin duda alguna, es un hecho innegable, que toda la teología del Nuevo Testamento se vio permeada por la revelación acontecida en el derramamiento del Espíritu Santo el día del Pentecostés. Por esa sencilla razón, la gracia salvífica de Dios fue mayormente entendida a partir de Pentecostés.

B. Relato del día del Pentecostés: breve análisis literario

El relato del día del Pentecostés se encuentra enmarcado[12] en el pasaje de **Hechos 2:1-41**. Es evidente que este pasaje pertenece al género literario conocido como "relatos de vocación"[13], o también llamados como "relatos de investidura", propios del Antiguo Testamento, que normalmente se manifestaba de la siguiente manera:

1. Dios se hacía presente con manifestaciones teofánicas sobrenaturales a sus siervos.

2. De esta manera, Dios mismo revelaba a sus siervos, o a su pueblo, su carácter y su divinidad absoluta como el único Dios de Israel.

3. Luego les revelaba sus planes y propósitos de llevar a cabo una misión.

---

[12] Enmarcar el relato del día del Pentecostés y su correspondiente derramamiento del Espíritu Santo como un relato contenido en los vv. 1-41 de Hechos 2, fue un aporte que encontré en: Gourgues, Michel (1988). *Misión y Comunidad: Hechos 1-12*. Navarra, ESPAÑA: Editorial Verbo Divino, p. 17. De esta forma, ver este pasaje como una unidad literaria, me ayudó a descubrir posteriormente su género literario, el cual fue uno de los elementos que me brindó la comprensión de la finalidad y propósito de la manifestación del Espíritu Santo a la luz del Sinaí.

[13] Para comprender más sobre relatos de vocación, su estructura, características teofánicas, finalidad y propósito de Dios al revelarse, le recomiendo que consulte la obra doctoral de: Del Olmo Lete, Gregorio (1973). *La Vocación del Líder en el Antiguo Israel*. Salamanca: Universidad Pontificia. Esta obra es magistral, analiza muchísimos relatos de vocación del Antiguo Testamento, toca el tema de manera exhaustiva y extraordinariamente acertado. Su exégesis fue clave para entender Hechos 2:1-41 como un relato de vocación colectiva de la iglesia, el comparativo que encontré en su escrito de vocación colectiva se encuentra en las páginas donde analiza el relato de vocación de Abraham. En el llamamiento y vocación de Abraham, todo Israel fue vocacionado para una tarea. A partir de aquí, no me fue difícil ver la ratificación del llamamiento y vocación de todo Israel en el Sinaí, así como también visualizar el Pentecostés como un relato de vocación para la iglesia.

4. Los llamaba a cumplir esa misión divina.
5. Los investía de poder y autoridad para que pudieran cumplirla exitosamente la misión.
6. Los enviaba a cumplir la misión.
7. Les daba promesas, señales y garantías de que iría con ellos para darles éxito en el cumplimiento de la misión.

Estas manifestaciones sobrenaturales de Dios a veces eran en forma humana, angelical, o a través de elementos de la naturaleza, con la finalidad de llamar, vocacionar y enviar a desarrollar una misión especial a uno de sus siervos, o a su pueblo mismo. **Pentecostés** y el **Sinaí** están enmarcados en un relato literario de magnitud teológica.

Ahora bien, a fin de comprender y analizar lo más adecuadamente posible lo sucedido el día del Pentecostés, de donde queremos partir, y tratar de penetrar en algunos de sus significados más esenciales para nuestra identidad pentecostal, empezaremos primero por observar que Hechos 2:1-41 nos presenta a tres interlocutores presenciales que dialogan sobre el significado del pentecostés como evento teofánico: el Espíritu Santo, el apóstol Pedro y la multitud que se reúne ante el estruendo teofánico del derramamiento del Espíritu. Esta es la nueva forma en que Dios llama y convoca a su pueblo, para ser escuchado, revelar su divinidad, investir de autoridad y vocacionar para una misión a su pueblo, como en los relatos de vocación e investidura del Antiguo Testamento.

Este primer análisis nos ayudará a descubrir y examinar, la relación teológica y literaria que existe entre la manifestación de Yahvé (Jehová) en el Sinaí y el derramamiento del Espíritu

Santo el día del Pentecostés. Este primer análisis nos permitirá entender con mayor profundidad por qué Pentecostés debe ser visto como un nuevo Sinaí.

Así, pues, podemos esquematizar a estos tres interlocutores que dialogan el significado del Pentecostés, de la siguiente forma:

SECCIONES DE DIALOGO	EMISORES DEL MENSAJE	RECEPTORES
Dios y la multitud	1. Dios llama a través de señales teofánicas como el viento, el ruido, el estruendo, las lenguas en distintos idiomas, el fuego y la voz de Dios desde el fuego.	La multitud se pregunta ¿Qué quiere decir esto?
Pedro y la multitud	2. Pedro interpreta el suceso teofánico apelando a la profecía de Joel, y desarrollando una cristología de la muerte y resurrección de Jesús, humillación y exaltación de Jesús	La multitud queda compungida de corazón y pregunta ¿qué haremos?
Pedro y la multitud	3. Pedro los llama al arrepentimiento y al bautismo invocando el nombre de Jesucristo para perdón de sus pecados, y les anuncia que esta promesa del Espíritu y el perdón de los	Tres mil personas de la multitud se bautizan invocando el nombre de Jesucristo y son añadidas a la iglesia

	pecados es para ellos, sus hijos, los que están lejos, y para cuantos el Señor nuestro Dios llamare	

Es claramente visible con lo arriba expuesto, que la primera sección nos muestra que el iniciador de todo el diálogo que se va a desarrollar en todo el relato del día del Pentecostés es el Espíritu Santo mismo, que como el Dios único y universal quiere revelarse, formar un pueblo para su nombre, y vocacionarlo para una misión universal. Así, Dios mismo al manifestarse con señales teofánicas de ruido, estruendo, viento recio, fuego y su voz que se deja oír a través de las lenguas repartidas como de fuego (su voz se oye desde el fuego), que se convierten por sí solas en una convocatoria divina que invita a la multitud a escuchar su voz y su voluntad para este tiempo.

En respuesta a esta convocatoria divina, la multitud acude al lugar y una vez que se encuentra frente al evento divino, reacciona con una pregunta existencial y teológica, para ellos de primerísima importancia: *¿qué significa esto?* Esta primera sección representa el primer diálogo del pasaje que se da entre Dios mismo y la multitud, primeros interlocutores del relato, lo cual nos brindará elementos para analizar la unicidad divina.

En la segunda sección, Pedro entra como interlocutor del diálogo y responde dando un mensaje, en el cual explica qué significa lo que está sucediendo ahí, basado en la Escritura profética de Joel.

Apóstoles y profetas[14] se unen así en una misma voz para explicar el Pentecostés como la manifestación misma de Dios que desciende para poner un fundamento cristológico a la existencia de la iglesia, a la obra salvífica y a la misión universal de predicar el nombre de Jesucristo para el perdón de los pecados hasta lo último de la tierra.

A esto la multitud reacciona "compungida de corazón", porque ellos entendían ahora que habían reprobado el fundamento de la salvación puesto por Dios, el cual es Jesucristo, entonces preguntan inmediatamente *¿qué haremos?*

En este marco de ideas, esta sección nos brindará elementos importantes de la gracia de Dios acontecida en Jesucristo, y el acceso a ella invocando su nombre para perdón de los pecados, y llevando su nombre para salvación a todas las personas hasta los confines del mundo.

En la tercera sección, Pedro hace un llamamiento a dar el paso de arrepentimiento y bautismo *en el nombre de Jesucristo* para perdón de los pecados. La reacción de la multitud: tres mil personas son bautizadas invocando el nombre de Jesús. De esta manera, Lucas nos dice que fueron añadidas como miembros de la iglesia, el nuevo pueblo de Dios.

Lo anterior, pues, nos servirá para desarrollar este escrito y fundamentar la propuesta de que el derramamiento del

---

[14] Efesios 2:20-22 afirman este hecho, sin lugar a duda: *"edificados sobre el fundamento de los apóstoles y profetas, siendo la principal piedra del ángulo Jesucristo mismo, en quien todo el edificio, bien coordinado, va creciendo para ser un templo santo en el Señor; en quien vosotros también sois juntamente edificados para morada de Dios en el Espíritu"*. Este fundamento cristológico de la iglesia fue puesto por el Espíritu Santo el día del Pentecostés, luego, bautizándose en su nombre, los nuevos creyentes eran añadidos a la iglesia según Hechos 2:41.

Espíritu Santo el día del Pentecostés tenía como uno de sus propósitos principales la **revelación del Nombre** que es sobre todo nombre, así como también la revelación de la plenitud de la divinidad en Jesucristo como el único Dios verdadero, tal y como lo hizo Yahvé con Israel en el Antiguo Testamento. Revelación que quedó plasmada para los hebreos en el texto que hoy conocemos como el **shemá,** y que de manera maravillosa quedará acuñada de una nueva forma en el día del Pentecostés ¡**Jesucristo es el Señor!** Así, Jesucristo es declarado el único Dios de su pueblo, la iglesia.

El Pentecostés tiene, pues, un propósito cristológico vigente, esencial, irrenunciable que debe caracterizar su identidad; propósito que iremos mostrando en este escrito.

C. El Pentecostés un Nuevo Sinaí

Lucas empieza narrando el derramamiento del Espíritu Santo con señales sobrenaturales que tienen como trasfondo la **teofanía** de Yahvé (Jehová) en el Sinaí. El ruido, el estruendo, las lenguas, el fuego y la voz de Dios que se oye desde el fuego son señales teofánicas que acontecieron en el Sinaí, pero que ahora acontecen en el derramamiento del Espíritu Santo el día del Pentecostés. Lucas las escribe, precisamente, para decirnos así que el Pentecostés es un nuevo Sinaí, y que para comprender todo su significado hay que analizarlo a la luz de dicha teofanía, que representa en el Antiguo Testamento la manifestación misma de Dios a su pueblo, por excelencia.

Sobre esta forma de ver el Pentecostés, García Cordero y Alberto Colunga (1967) lo explican muy bien de la siguiente manera:

> Es probable que este hecho de Pentecostés haya sido coloreado en su presentación literaria con el trasfondo de la teofanía del Sinaí y quizás también con la de la confusión de lenguas en Babel, a fin de hacer resaltar más claramente dos ideas fundamentales que dirigirán la trama de todo el libro de los Hechos, es a saber, la *presencia divina* en la Iglesia (v.1-4) y la *universalidad* de esta Iglesia, representada ya como en germen en esa larga lista de pueblos enumerados (v.5-13). El trasfondo vétero testamentario se dejaría traslucir sobre todo en las expresiones *"ruido del cielo (…), lenguas de fuego como divididas (…), oía hablar cada uno en su propia lengua,"* máxime teniendo en cuenta las interpretaciones que a esas teofanías daban muchos rabinos y el mismo Filón[15]

---

[15] García, Maximiliano, & Colunga, Alberto (1967). *Biblia Comentada de Salamanca*. Madrid: Editorial B.A.C., p. 4589. Este comentario bíblico es extraordinario, porque pone en la mesa de la reflexión el trasfondo teofánico del Sinaí, y no sólo el episodio de Babel, como uno de los relatos que evoca el derramamiento del Espíritu Santo, tal y como lo describe Lucas en el libro de los Hechos. Aspecto que me parece que es uno de los trasfondos principales del Pentecostés, pero que muy poco ha sido explotado exegéticamente, salvo el libro de Fee, Gordon D. (2007), op., cit., que no sólo lo menciona, sino que desarrolla muchos aspectos teológicos extraordinarios, entre ellos, la importancia que tiene el Espíritu Santo, Pentecostés y su trasfondo teológico del Sinaí, de tal forma que la gran mayoría de las cartas paulinas tocan este tema de una u otra manera.

Bernardo Campos, teólogo pentecostal peruano lo observa de la siguiente forma:

> Hay una relación de estas palabras de Jesús con **la promesa del Padre en el Sinaí** y la dación de la Ley y que ahora Jesús retoma como haciéndola suya. En el AT el Padre le dijo a Moisés que prepare al pueblo y le ordene que se purifique, porque en los próximos tres días lo visitaría. Se revelaría con poder. Efectivamente, al tercer día el Padre se manifestó con estruendo al pie del Sinaí[16].

Por supuesto, sabemos que Lucas escribió varios años más tarde de cuando el derramamiento del Espíritu Santo sucedió, por ello es fácil ver que lo hace, no sólo como historiador, sino también como teólogo, pues tuvo el tiempo suficiente y la revelación del Espíritu Santo, para reflexionar y entender el significado teológico acontecido en Pentecostés y su importancia para la iglesia y el mundo. Lo anterior lo explica muy bien el autor del Comentario Bíblico Mundo Hispano, Tomo 18, cuando dice:

> El libro de Los Hechos —ya no como un documento que nos ofrece un reportaje vivo— es el trabajo de un historiador que reflexiona, varios

---

[16] Campos, Bernardo, (2016), *Op. Cit.,* p. 18.

años más tarde, sobre los acontecimientos para descubrir su sentido[17].

Entonces, nos preguntamos, debido a lo anterior ¿qué sentido o significado descubrió Lucas en el Pentecostés a la luz del Sinaí? ¿Será posible redescubrirlo hoy? Creemos que sí, pero lo vamos a examinar en el siguiente apartado de este texto.

D. Dios mismo desciende de nueva cuenta el día del pentecostés como lo hizo en el Sinaí

Es totalmente evidente en el libro del Éxodo, que tanto el libro mismo, como la teofanía del Sinaí están escritos y estructurados[18] para mostrarnos la manera en que Dios descendió para liberar a su pueblo de la esclavitud de Egipto, tener un encuentro con él, hacer pacto con ellos, habitar en medio de ellos, enviarlos a una misión, y darles garantías de que iría con ellos para darles éxito.

Yahvé, no sólo descendió a la zarza para liberar a su pueblo, también descendió al Sinaí con su pueblo ya liberado, y luego descendió al Tabernáculo, para habitar en medio de su pueblo

---

[17] Carro, Daniel, & Poe, J. T., & Zorzoli, Rubén O., & Ortiz, Dionisio. *Comentario Bíblico Mundo Hispano, Tomo 18: HECHOS*. El Paso, TX.: Editorial Mundo Hispano, p. 18.
[18] Fee D. Gordon (2007). *Pablo, el Espíritu y el Pueblo de Dios*. Miami, FL., Editorial Vida. Págs. 10-11. Excelente comentario que hace la observación del propósito del libro del Éxodo, de la narrativa del Pacto del Sinaí, y del descenso de Dios al Tabernáculo, que afirma que el libro entero está estructurado para mostrarnos que la presencia de Dios habita en medio de su pueblo. También dice que esta la visión paulina del Pentecostés: Dios descendió para habitar en medio de su pueblo hoy.

y acompañarlos en todo el peregrinaje hasta la tierra prometida.

En la tienda del Tabernáculo, el pueblo de Israel adoraba a Yahvé como su Dios invocando su nombre, y Dios manifestaba su presencia y su gloria en medio de ellos. De esta forma se cumplía lo prometido a Abraham mismo, de que la descendencia de él sería su pueblo y Él sería su Dios, la alianza prometida a los patriarcas, estaba hecha realidad en el Sinaí.

Esto es exactamente lo que sucedió el día del Pentecostés: Dios mismo desciende del cielo de nueva cuenta, para hacer un "nuevo pacto" con su pueblo, habitar en medio de ellos, vocacionarlos para una misión universal, revelarles su nombre, revestirlos de su presencia y enviarlos a llevar la gloria de su nombre a las naciones. Exactamente lo mismo que hizo al descender a la zarza, al Monte Sinaí y al Tabernáculo. Observe los siguientes pasajes sobre estas afirmaciones:

> Dijo luego Jehová: Bien he visto la aflicción de mi pueblo que está en Egipto, y he oído su clamor a causa de sus exactores; pues he conocido sus angustias, y **he descendido** para librarlos de mano de los egipcios, y sacarlos de aquella tierra a una tierra buena y ancha, a tierra que fluye leche y miel, a los lugares del cananeo, del heteo, del amorreo, del ferezeo, del heveo y del jebuseo. (Éxodo 3:7-8; *énfasis mío*)

16 aconteció que al tercer día, cuando vino la mañana, vinieron truenos y relámpagos, y espesa nube sobre el monte, y sonido de bocina muy fuerte; y se estremeció todo el pueblo que estaba en el campamento. 17 Y Moisés sacó del campamento al pueblo para recibir a Dios; y se detuvieron al pie del monte. 18 todo el monte Sinaí humeaba, porque **Jehová había descendido sobre él en fuego**; y el humo subía como el humo de un horno, y todo el monte se estremecía en gran manera. (Éxodo 19:16-17; *énfasis mío*)

Y harán un santuario para mí, y **habitaré** en medio de ellos. (Éxodo 25:8; énfasis mío)

Entonces una nube cubrió el tabernáculo de reunión, y **la gloria de Jehová llenó el tabernáculo**. Y no podía Moisés entrar en el tabernáculo de reunión, porque la nube estaba sobre él, y **la gloria de Jehová lo llenaba**. Y cuando la nube se alzaba del tabernáculo, los hijos de Israel se movían en todas sus jornadas; pero si la nube no se alzaba, no se movían hasta el día en que ella se alzaba. Porque **la nube de Jehová estaba de día sobre el tabernáculo, y el fuego estaba de noche sobre él**, a vista de toda la casa de Israel, en todas sus jornadas. (Éxodo 40:34-38; *énfasis mío*)

Como se puede observar, Jehová mismo descendió desde el cielo al monte Sinaí en medio de ruido, estruendo, viento y fuego, para manifestar su presencia a Israel. Luego desciende en una nube y en columna de fuego, con toda su gloria, desde el monte Sinaí hasta el Tabernáculo. El mismísimo Dios de Israel estaría morando en medio de su pueblo y los acompañaría hasta la tierra prometida. Tener la presencia de Dios[19] en medio de ellos era una de las experiencias que hacía que Israel entendiera lo especial que eran como pueblo a los ojos de Dios, en medio de los demás pueblos.

Lucas narra el Pentecostés en ese orden de ideas: el derramamiento del Espíritu Santo no es otra cosa que el nuevo descenso del Dios de Israel con ruido, estruendo, viento recio, lenguas, fuego y su voz que se oye de en medio del fuego, para habitar en medio de su pueblo, ya no sólo compuesto de judíos, sino también de todos los pueblos de la tierra, luego vocaciona a la iglesia para predicar su nombre a todas las naciones.

Lo que anteriormente hemos dicho, como parte de la teología narrativa de Lucas, es que hábilmente con su relato evoca como trasfondo del Pentecostés, a la manifestación misma de Jehová en el Sinaí.

---

[19] Zimmerli, Walther (1980). *Manual del Antiguo Testamento*. Madrid: Ediciones Cristiandad. Págs.75-88. Excelente aporte sobre el don de la presencia de Dios dado al pueblo de Israel, según la enseñanza del libro del Éxodo, recomiendo leerlo, a fin de logre obtener más información al respecto del descenso de Dios para habitar en medio de su pueblo, como un don divino, combinado con la lectura del libro de Gordon D. Fee (2007), Op. Cit., se convierte en una comprensión extraordinaria del Sinaí como trasfondo teológico del derramamiento del Espíritu Santo el día del Pentecostés.

Por otra parte, parece haber impactado, por lo menos, en el mismo orden de ideas teológicas, también al apóstol Pablo. Él mismo interpreta el derramamiento del Espíritu Santo, en el mismo sentido que Lucas, en algunas de sus cartas, donde para él, el único Dios de Israel descendió en el Pentecostés, para hacer su morada en Espíritu, en medio de su iglesia:

> ¿No sabéis que sois templo de Dios, y que el Espíritu de Dios mora en vosotros? (1 Corintios 3:16)

> 20 "edificados sobre el fundamento de los apóstoles y profetas, siendo **la principal piedra del ángulo Jesucristo mismo**, 21 en quien todo el edificio, bien coordinado, va creciendo para ser un templo santo en el Señor; 22 en quien vosotros también sois juntamente edificados **para morada de Dios en el Espíritu**" (Efesios 2:20-22; *énfasis mío*).

Gordon D. Fee analiza, precisamente, este texto paulino, y dice:

> Pablo vincula específicamente al Espíritu con la imaginería del templo en el contexto de la presencia del Espíritu entre el pueblo de Dios. **Así es como el Dios vivo está ahora presente con su pueblo**; esto se expresa de manera especialmente clara en Efesios 2:22: la Iglesia está siendo

erigida para ser un templo santo en el Señor, en la que los creyentes son "juntamente edificados **para morada de Dios en el Espíritu"**[20]. (*énfasis mío*)

Para Pablo, el pentecostés no fue otra cosa que el descenso de Dios para morar en Espíritu en medio de su iglesia, y hacer de ella un templo santo para el Señor. A partir de pentecostés, en la teología paulina, la iglesia es el templo del Espíritu Santo, la morada del Dios de Israel en Espíritu, tanto en los corazones de los creyentes en forma individual, como también en forma colectiva, en medio de la iglesia.

E. En el Pentecostés Dios reveló su absoluta divinidad, Soberanía y Señorío sobre todas las cosas como lo hizo en el Sinaí

Ahora bien, en el Sinaí Dios demostró su absoluta divinidad mostrando su plena soberanía y señorío sobre los elementos de la naturaleza como el mar, la nube, el fuego, el viento, el humo, el estruendo, las plagas, el monte que temblaba, etc.

Todas ellas se sujetaron a su voluntad como fieles servidoras de sus decisiones, planes, poder y gobierno, obedeciendo lo

---

[20] Fee, Gordon D. Op. Cit., p. 19. Esta cita es extraordinaria, Gordon D. Fee explica con suma claridad que el derramamiento del Espíritu Santo en la teología paulina, le dio a la iglesia un fundamento cristológico, e hizo realidad la presencia de Dios en Espíritu, tal y como sucedió en el Sinaí, cuando Dios descendió al Tabernáculo.

que Dios con su palabra ordenó que sucediera. Incluso, demostró su plena soberanía y señorío sobre la misma historia y la vida del ser humano. Él cambió el rumbo de la vida de Israel, de la esclavitud y lo llevó a ser un pueblo libre, pueblo de Dios. Él se acordó que lo había prometido a Abraham, y en cumplimiento a su palabra, cambió la historia dándole el rumbo que sus promesas habían determinado para su pueblo: la salvación de la esclavitud y un pueblo que pertenecía al verdadero Dios, para que de esta manera fuera testimonio de su divinidad, señorío y de que no hay otro nombre como su nombre en toda la tierra.

Este conocimiento de la *unicidad divina* de Jehová y de la revelación de su *Nombre*, no lo debían olvidar, y lo debían trasmitir a las siguientes generaciones. De fallar en esto, fracasarían como pueblo de Dios y caerían en esclavitud nuevamente, lo cual sucedió. Lamentablemente, ellos se volvieron a otros dioses, invocaron sus nombres y los adoraron, sometieron sus vidas a falsos valores morales y espirituales y la tragedia de la esclavitud volvió a ellos. Por eso Dios había sido tan enfático al revelarles su plena y absoluta divinidad, y encargarles trasmitir a las siguientes generaciones este conocimiento de Jehová como el único Dios verdadero:

> 1 Y habló Dios todas estas palabras, diciendo: 2 **Yo soy Jehová tu Dios**, que te saqué de la tierra de Egipto, de casa de servidumbre. 3. No tendrás dioses ajenos delante de mí. 4 No te harás imagen, ni ninguna semejanza de lo que esté arriba

en el cielo, ni abajo en la tierra, ni en las aguas debajo de la tierra. 5 No te inclinarás a ellas, ni las honrarás; porque yo soy Jehová tu Dios, fuerte, celoso, que visito la maldad de los padres sobre los hijos hasta la tercera y cuarta generación de los que me aborrecen, 6 y hago misericordia a millares, a los que me aman y guardan mis mandamientos (Éxodo 20:1-5)

4 oye, Israel: **Jehová nuestro Dios, Jehová uno es**. 5 Y amarás a Jehová tu Dios de todo tu corazón, y de toda tu alma, y con todas tus fuerzas. 6 Y estas palabras que yo te mando hoy, estarán sobre tu corazón; 7 y las repetirás a tus hijos, y hablarás de ellas estando en tu casa, y andando por el camino, y al acostarte, y cuando te levantes. 8 Y las atarás como una señal en tu mano, y estarán como frontales entre tus ojos; 9 y las escribirás en los postes de tu casa, y en tus puertas. (Deuteronomio 6:4-9)

El Pentecostés vino a reafirmar esa **unicidad divina**: fuera del Dios de Israel no hay otro Dios. Por eso se reveló con las mismas señales teofánicas para reafirmarse como el único Dios verdadero, y como es el único Dios, entonces revelarse como un Dios universal.

El viento fuerte, el estruendo del cielo, las lenguas, el fuego, la voz divina a través de las lenguas de fuego, donde las personas hablan según el Espíritu les da que hablen, son muestra una vez de la absoluta divinidad del Dios de Israel.

Ahora en Pentecostés, de nueva cuenta desciende, ejerce señorío y absoluta soberanía sobre los elementos de la naturaleza, la historia, la vida y la muerte, resucitando a Cristo de entre los muertos, y sobre la salvación, ejerciendo todo el poder salvífico de nueva cuenta a través de su nombre, el cual debe ser *invocado* para el perdón de los pecados.

Por eso, ahora en pentecostés de nueva cuenta reafirma que todo el que invocare su nombre será salvo. La profecía de Joel de manera literal mencionaba en la Escritura hebrea el nombre de **Yahvé** (Jehová), en alusión, precisamente, a todo el poder salvífico que Dios había desplegado a través de su nombre en el Sinaí, pero ahora ese despliegue de poder salvífico está en el nombre de Jesús, nombre griego que en hebreo equivale al vocablo **Yeshua**, que significa **"Jehová salva"**, la nueva revelación de su nombre sobre todo nombre:

> "Y todo aquel que **invocare el nombre de Jehová** será salvo; porque en el monte de Sion y en Jerusalén habrá salvación, como ha dicho Jehová, y entre el remanente al cual él habrá llamado" (Joel 2:32).
>
> *"Y todo aquel que invocare el nombre del Señor, será salvo"* (Hechos 2:21)
>
> "Pedro les dijo: Arrepentíos, y bautícese cada uno de vosotros **en el nombre de Jesucristo**

para perdón de los pecados; y recibiréis el don del Espíritu Santo" (Hechos 2:38)

Explicaremos con mayor detalle lo relacionado a su nombre en el siguiente apartado. Pero ya desde aquí podemos ver todo el peso de revelación que tiene el pentecostés visto a la luz de la teofanía del Sinaí.

F. Pentecostés, lugar donde Dios reveló su nombre *sobre todo nombre* como en el Sinaí

Uno de los intereses especiales de Dios al descender al Sinaí fue revelar su Nombre: el Nombre que es sobre todo nombre. Vimos algo de esto ya en el apartado anterior. Primero se lo reveló a Moisés en el episodio de la zarza ardiendo, y le dijo que era necesario que lo diera a conocer a todo el pueblo, y luego, con ese nombre se debía presentar al Faraón y exigir la libertad del pueblo de Israel.

También se lo reveló al pueblo mismo de Israel cuando lo congregó al pie del monte Sinaí. Las primeras palabras de la ley empiezan con la pronunciación de su nombre: "**Yo soy Jehová** tu Dios, que te saqué de la tierra de Egipto" (Éxodo 20:1). Este versículo muestra a Jehová interesado en revelar tres cosas esenciales de su naturaleza y carácter divino a Israel, las cuales quiere que nunca olviden, sino que trasmitan esta fe e identidad a todas las generaciones:

1. Quiere que su pueblo conozca su Nombre, el cual es sobre todo nombre. Por lo tanto, deberán trasmitir esta revelación a todas las generaciones.

2. Que lo reconozcan como el único salvador, pues solamente Él fue el que los sacó de tierra de Egipto. Israel no puede adorar a otro salvador ni invocar otro nombre para salvación, porque no lo hay; sólo Jehová. El único fundamento de la salvación de Israel es Jehová. Por lo tanto, sólo el nombre de Jehová se deberá invocar para salvación.

3. Quiere que no olviden todos los milagros, plagas, señales y maravillas con que los libró de la tierra de Egipto, de la casa de esclavitud, y con las cuales se manifestó en el Sinaí, fue para revelarles que Él es **el único Señor, el solo soberano sobre todos los elementos de la naturaleza, el único que es Dios;** y que no hay otro.

Si Jehová lo sacó de la tierra de Egipto, entonces Israel le pertenece a Jehová, no tienen otro nombre a quien invocar para salvación, no hay otro nombre bajo el cielo, sino sólo el nombre de Jehová. Este es el nombre que hizo habitar en el arca de la alianza y en el templo de Salomón como señal de su presencia. El mismo nombre que Cristo dice tener en Mateo 18:20:

*"Porque donde están dos o tres **congregados en mi nombre**, ahí estoy yo en medio de ellos"*; nombre que al ser invocado, Él se hace presente en medio de su pueblo para bendecirlo, salvarlo y perdonar sus pecados (Énfasis mío. Comp. 2 Crónicas 7:16).

Es, pues, de la interpretación de Éxodo 20:1-4, de donde sale el texto del Shemá[21]:

> Oye, Israel: Jehová nuestro Dios, Jehová uno es. Y amarás a Jehová tu Dios de todo tu corazón, y de toda tu alma, y con todas tus fuerzas. Y estas palabras que yo te mando hoy, estarán sobre tu corazón; y las repetirás a tus hijos, y hablarás de ellas estando en tu casa, y andando por el camino, y al acostarte, y cuando te levantes. Y las atarás como una señal en tu mano, y estarán como frontales entre tus ojos; y las escribirás en los postes de tu casa, y en tus puertas. (Deuteronomio 6:4-9)

Tanto Richard Bauckham[22] como Edesio Sánchez[23] explican de manera extraordinaria en sus libros la manera en que el *Shemá* quedó conectado exegéticamente al Decálogo, y llegó a ser el mandamiento por excelencia que apelaba a la revelación de Yahvé como único Dios, como el sólo soberano y salvador de Israel para demandar la exclusiva lealtad, adoración, reconocimiento de su absoluta divinidad y amor de Israel, porque

---

[21] *Shemá* es un verbo hebreo que significa *obedecer, oír*, y para profundizar más sobre su significado puede leer a: Strong, James (2002). *Nueva Concordancia Strong Exhaustiva: Diccionario Strong de Palabras originales del Antiguo y Nuevo Testamento*. Nashville, TN—Miami FL: Editorial Caribe, p. 452.

[22] Bauckham, Richard (2003). *El Dios Crucificado: Monoteísmo y Cristología en el Nuevo Testamento*. Barcelona, España: Editorial Clie, pags. 17-18.

[23] Sánchez, Edesio (2002). *Comentario Bíblico Iberoamericano: Deuteronomio*. Buenos Aires: Editorial Kairos, pags.188-193.

Israel le pertenecía y había hecho pacto con Él. De cumplir fielmente con esta lealtad y amor exclusivo de Israel a Yahvé dependía el éxito del proyecto de nación escogida de Dios como cabeza de las naciones.

Nunca deberían olvidar que sólo Jehová es Dios, que ellos son su pueblo, que el nombre de su Dios es Jehová, y que sólo en Él hay salvación, por tanto, estaban obligados por el conocimiento y la fe en Jehová como el único Dios, Señor y Salvador de sus vidas, a trasmitir a las siguientes generaciones el amor a Jehová de todo corazón, fuerzas y mente, pero para ello primero tenían que desarrollar ese amor ellos mismos en sus corazones. De lograr trasmitir este conocimiento de Jehová como Dios y la revelación de su nombre, dependía de manera especial su éxito o fracaso como pueblo de Dios. Cuando invocaron a otros dioses, terminaron como esclavos en el exilio.

La importancia de la revelación e invocación del nombre en el Sinaí recorre todo el libro del Éxodo, ya sea como fundamento para liberar como el caso de la zarza ardiendo en el mismo Sinaí, o también para reconocer su absoluta divinidad, señorío y salvación como cuando hizo oír sus mandamientos y luego los escribió en las tablas de la ley, y los depositó en el arca del pacto. El nombre de Jehová quedó ligado así al pacto, a la revelación de su divinidad, de su salvación al ser invocado y de su señorío. Observe lo siguiente:

13 Dijo Moisés a Dios: He aquí que llego yo a los hijos de Israel, y les digo: El Dios de vuestros padres me ha enviado a vosotros. Si ellos me

preguntaren: *¿Cuál es su nombre?*, ¿qué les responderé? (Éxodo 3:13)

15 Además dijo Dios a Moisés: Así dirás a los hijos de Israel: Jehová, el Dios de vuestros padres, el Dios de Abraham, Dios de Isaac y Dios de Jacob, me ha enviado a vosotros. *Este es mi nombre* para siempre; con él se me recordará por todos los siglos. (Éxodo 3:15)

16 Y a la verdad yo te he puesto para mostrar en ti mi poder, y para que mi nombre sea anunciado en toda la tierra. (Éxodo 9:16)

5 Y **Jehová descendió en la nube**, y estuvo allí con él, **proclamando el nombre de Jehová**. 6 Y pasando Jehová por delante de él, proclamó: **¡Jehová! ¡Jehová!** fuerte, misericordioso y piadoso; tardo para la ira, y grande en misericordia y verdad; 7 que guarda misericordia a millares, que perdona la iniquidad, la rebelión y el pecado, y que de ningún modo tendrá por inocente al malvado; que visita la iniquidad de los padres sobre los hijos y sobre los hijos de los hijos, hasta la tercera y cuarta generación. (Éxodo 34:5-7)

¡Qué extraordinario pasaje! Jehová **desciende en una nube al monte Sinaí**, y lo hace para proclamar su nombre. Aquí el verbo hebreo **cará**[24]**,** traducido "proclamar", indica, además, "invocarlo, darlo a conocer, dar a conocer su carácter o su naturaleza a través de su nombre". ¡Asombroso! Dios descendió al monte Sinaí para dar a conocer su divinidad absoluta, sus atributos y su carácter compasivo, clemente, misericordioso para con su pueblo, a través de la revelación de su nombre.

Todo su poder salvífico, su misericordia, clemencia y bondad la ha puesto al alcance de su pueblo a través de su nombre:

> "Y pasando Jehová por delante de él, proclamó: **¡Jehová! ¡Jehová!** fuerte, misericordioso y piadoso; tardo para la ira, y grande en misericordia y verdad" (Éxodo 34:6; *énfasis mío*).

Y resalta esta misericordia y poder salvífico mucho más, debido a que el pueblo había roto el pacto con el pecado del becerro de oro, y ahora, por la intercesión de Moisés, Dios lo renueva, perdonando a su pueblo.

El Pentecostés está narrado de tal forma que evoca también el relato del descenso de Jehová para hacer un nuevo pacto, revelar todo su poder salvífico en su nombre Jesús; nombre que resume toda su misericordia, bondad, gracia, favores y clemencia puestas al alcance de su pueblo para el perdón de los pecados. Por esa razón se debe invocar ese nombre para apelar a la cobertura de la gracia de Dios, con fe y arrepentimiento.

---

[24] Vine, W.E. (1999). *Vine: Diccionario Expositivo de Palabras del Antiguo y Nuevo Testamento Exhaustivo*. Nashville, TN.: Editorial Caribe, págs. 211-212.

De esta forma la iglesia queda vocacionada para conducir a otros al perdón de sus pecados y a la vida eterna en Cristo Jesús, Nombre sobre todo nombre del Dios vivo y verdadero de Israel; a quien Pedro lo identifica en la narrativa del Pentecostés como **"Señor y Cristo"**, y también como **"el Señor nuestro Dios"**, según los siguientes versículos:

> Sepa, por tanto, con **absoluta seguridad** toda la casa de Israel que Dios ha hecho **Señor y Cristo** a este Jesús a quien vosotros crucificasteis. (Hechos 2:36; Biblia Castillian: *énfasis mío*)

> Porque para vosotros es la promesa, y para vuestros hijos, y para todos los que están lejos; para cuantos **el Señor nuestro Dios** llamare. (Hechos 2:39)

Lo cual resulta por demás extraordinario, pues esta última frase es exactamente igual a una de las frases que funciona como una de las cláusulas afirmativas sobre Dios del *shemá*. Incluso Jesús mismo lo cita así en el Evangelio de Marcos:

> "Jesús le respondió: El primer mandamiento de todos es: Oye, Israel; **el Señor nuestro Dios**, el Señor uno es. Y amarás al Señor tu Dios con todo tu corazón, y con toda tu alma, y con toda tu mente y con todas tus fuerzas. Este es el principal mandamiento". (Marcos 12:28)

Por lo anterior, Pedro hace un llamado poderoso a la multitud a aceptar con **absoluta certeza**, ciertísimamente, la identidad de Jesús como **"Señor y Cristo"**, como aquel en quien toda la divinidad está manifestada. Y, por si fuera poco, reafirma esa identidad de Cristo como plena manifestación del Dios de Israel afirmando con absoluta certeza que él es el **"Señor nuestro Dios"**, que habrá de extender el llamado a ser pueblo de Dios a sus hijos, a los que están lejos y a cuantos él quiera llamar hasta lo último de la tierra.

Por eso, invocando su nombre en el bautismo como un acto de fe y arrepentimiento, se tiene acceso a todo el poder salvífico de Dios, a su gracia y misericordia acontecida en la muerte y resurrección de Jesucristo en favor de toda la humanidad.

Pentecostés es, pues el descenso de Dios que, de principio a fin, desciende para proclamar su nombre sobre todo nombre, Jesús, e indicar que en la invocación de su nombre se manifiesta todo su poder salvífico por su gracia, misericordia y clemencia. Esa es la exégesis de Pedro utilizando la profecía de Joel, la cual podemos mostrar en el siguiente cuadro:

Dios desciende y se inician los postreros tiempos	Y en los postreros días, dice Dios, **derramaré de mi Espíritu sobre toda carne**… (2: 17a)
Se derrama un torrente de dones proféticos	vv. 17b - 18
Se anuncian señales escatológicas	vv. 19 - 20

Entre el inicio de los postreros tiempos y las señales escatológicas que anuncian el día del Señor, se debe invocar el nombre del Señor para salvación	v. 21"**Y será que todo aquel que invocare el nombre del Señor será salvo**"
Jesús es ese nombre con todo el poder salvífico, porque es **el Señor y Cristo**, y **Él es el Señor y Dios** que llama al arrepentimiento, perdón de pecados y derrama de su Espíritu sobre toda carne.	36 sepa, pues, ciertísimamente toda la casa de Israel, que a este Jesús a quien vosotros crucificasteis, Dios le ha hecho **Señor y Cristo** **39** Porque para vosotros es la promesa, y para vuestros hijos, y para todos los que están lejos; para cuantos **el Señor nuestro Dios llamare**.
La respuesta de fe de las personas que quieren ser salvas es invocar el nombre de Jesucristo arrepentidas y bautizándose en agua	Pedro les dijo: Arrepentíos, y bautícese cada uno de vosotros en el nombre de Jesucristo para perdón de los pecados; y recibiréis el don del Espíritu Santo.
Las personas bautizadas son añadidas a la iglesia, son las que invocan el nombre del Señor, reconocen que Jesús es el Señor y que no hay otro nombre en el que podamos ser salvos	v.41; Comp. 4:11-12.

Desde el versículo 21 hasta el versículo 41, Pedro demuestra en todo su sermón que Jesús es el único *nombre* en el cual hay salvación. Es indudable que Pedro en su sermón, al tocar el tema soteriológico en relación con el derramamiento del Espíritu Santo como cumplimiento de la profecía de Joel, pone el acento en que la Salvación se manifiesta y se revela a aquellos que invocan el nombre del Señor, y que este énfasis lo hace desde el v. 21 hasta el v. 41, en total, 21 versículos de su sermón dedicados a demostrar que Jesús como Mesías es el Salvador, y que en su nombre se manifiesta todo el poder salvífico de Dios por gracia

Es el único que reúne los requisitos de ser **Señor y Cristo** (v. 36), y **el Señor y Dios** (v. 39). De aquí que la frase ¡Jesús es el Señor!, como fórmula de fe para salvación, en realidad fue establecida por el Espíritu Santo desde el día del Pentecostés. Pedro la acuñó prácticamente como:

"¡Jesús es el Señor y Cristo! y ¡Jesús es el Señor y Dios!

3

PENTECOSTÉS, NUEVA REVELACIÓN DEL NOMBRE DE JEHOVÁ

Como pudimos ver en el apartado anterior, muy unido a la teología de la muerte y resurrección de Jesús, está la **teología del Nuevo Pacto**. Vimos que el significado teológico de "nuevo pacto" aplicado a la muerte y resurrección de Jesús, la realizó el mismo Señor Jesucristo, según lo narran los evangelios sinópticos en el episodio de la última cena del Señor (Mt.26:26-28; Mr.14:22-24; Lc.22:19-20).

También señalamos que el sermón de Pedro es un sermón cristológico, pero, que, entre otros énfasis, tiene un fuerte acento soteriológico, es decir, desarrolla la doctrina salvífica de Dios. Revela cuál es la nueva manera en que Dios otorga el perdón de los pecados y restaura la relación entre su pueblo y Él, dando cumplimiento a todo lo que había prometido en el Antiguo Testamento, por boca de los profetas, no solamente de Joel[25]. Retomaremos esto posteriormente cuando hablemos de Pablo y su teología del nuevo nacimiento, obra regeneradora del Espíritu Santo y la justificación de los pecados por la fe.

Ahora bien, no obstante, lo anterior, la profecía de Joel acerca del derramamiento del Espíritu Santo subrayó un aspecto teológico extraordinario que habría de cumplirse el día del Pentecostés. Este tema teológico, al cual estamos aludiendo, es uno de los más importantes a examinar, pero desafortunadamente no ha sido debidamente analizado en toda su magnitud hasta el día de hoy, quizás no lo lograremos nosotros tampoco ahora, pero si lo señalaremos y abordaremos con mayor profundidad que lo que hasta aquí quizá nos ha tocado leer.

El tema al cual nos referimos es a la promesa de Joel, y de la mayor parte de los profetas del Antiguo Testamento, que anunciaron que Jehová haría una nueva revelación de su nombre. Una revelación sin precedente, mostrando a través de él su poder y autoridad salvífica, como nunca lo había hecho, tomando como punto de partida y fundamento central el

---

[25] Joel 2:32, Joel dijo: *"Y todo aquel que invocare el nombre de Jehová será salvo…"*, aludiendo al derramamiento del Espíritu Santo. Sin embargo, Jeremías anunció con mayor claridad el tema de la justificación como base del nuevo pacto en Jeremías 31:31-34, como también el tema de la regeneración. Los versículos 33 y 34 expresan esto con extraordinaria claridad: *"Pero **este es el pacto que haré con la casa de Israel** después de aquellos días, dice Jehová: **Daré mi ley en su mente, y la escribiré en su corazón**; y yo seré a ellos por Dios y ellos me serán por pueblo. Y no enseñará más ninguno a su hermano, diciendo: Conoce a Jehová; porque todos me conocerán, desde el más pequeño de ellos hasta el más grande, dice Jehová; porque **perdonaré la maldad de ellos, y no me acordaré más de su pecado"** (RV60; énfasis mío).*

derramamiento del Espíritu Santo en Jerusalén el día del Pentecostés.

A. La nueva revelación del nombre de Jehová en la profecía de Joel

Como todos sabemos el profeta Joel había profetizado el derramamiento del Espíritu Santo con extraordinaria claridad y exactitud, tal y como lo señaló el apóstol Pedro en su sermón el día del Pentecostés. Sin embargo, poco se ha observado que la profecía de Joel (Joel 2:28-32) tenía un fuerte acento soteriológico. Joel había visto con claridad, que la promesa sin precedente del derramamiento del Espíritu de Jehová **sobre toda carne** iría acompañada también de una oferta salvífica sin precedente: *"Y **todo aquel** que invocare el nombre de Jehová será salvo…"*.

Esto significaba que no solamente llegaría el momento histórico en los planes de Dios donde Jehová derramaría de su Espíritu, sin precedente, sobre toda carne, sino que revelaría también su nombre para salvación a **todo aquel que lo invocare**, como no lo había hecho nunca. Por lo tanto, sin duda alguna, la frase de Joel en 2: 32a *"todo aquel que invocare el nombre de Jehová será salvo"*, se refería a la revelación salvífica del nombre de Jehová **para todo el género humano**.

En otras palabras, el mismo significado de alcance universal que la promesa del derramamiento del Espíritu Santo habría de tener, que sería "sobre toda carne", también la tendría la promesa de una nueva revelación salvífica del nombre de Jehová; su alcance, como bendición de Dios, sería de carácter universal. Así, pues, tanto el derramamiento del Espíritu de Jehová, como la revelación salvífica de su nombre, profetizado por Joel, serían bendiciones derramadas para todas las naciones, según los planes de Dios.

Pedro logra entender mucho de lo anterior[26] por la revelación del Espíritu Santo. Por eso, lo desarrolla y lo aplica inmediatamente en su sermón el día del Pentecostés. Su sermón es predicado a toda una multitud de personas que según Lucas: *"Moraban en Jerusalén judíos, varones piadosos,* **de todas las naciones bajo el cielo**[27]*"*.

El sermón de Pedro anuncia el cumplimiento profético de lo dicho por Joel, citándolo de manera literal, afirma que las bendiciones de Dios son para todas las personas, esto es: El derramamiento del Espíritu Santo sobre toda carne, que no es otra cosa que el Espíritu de Jehová[28]; y, además, la nueva revelación del Nombre de Jehová, puesta al alcance de todos los que le invoquen para salvación. Su sermón es predicado a

---

[26] Es innegable que Pedro logró entender desde el mismo Pentecostés, que la salvación en Cristo ahora era de alcance universal. Aunque también es cierto que todavía lo miraba con los ojos de un judío, para él los gentiles necesitaban circuncidarse, como también los hijos de judíos nacidos en el mundo gentil, adonde habían sido dispersados, sin embargo, ya miraba una apertura universal, y lo demuestra con la expresión extraordinaria que le dice a la multitud: **"Porque para vosotros es la promesa, y para vuestros hijos, y para todos los que están lejos; para cuantos el Señor nuestro Dios llamare"** (Hechos 2:39; RV60, *énfasis mío*).

[27] Hechos 2:5; estas palabras de Lucas muestran que él le da al evento sobrenatural del Pentecostés un carácter universal divino, es decir, Dios se está revelando en este evento a todas las naciones.

[28] Joel 2:28, dice con claridad que el derramamiento del Espíritu Santo el día del Pentecostés, no es otra cosa, que el Espíritu de Jehová, es decir, Jehová mismo derrama su presencia en el interior de los creyentes.

gente que estaba ahí, que venía de todas las naciones bajo el cielo, dándole un carácter universal.

Sin embargo, demuestra algo extraordinario en este segundo aspecto: esa nueva revelación del nombre de Jehová, que debe ser invocado para salvación, es **el nombre de Jesús.** Por lo tanto, el nombre que debe ser invocado para salvación y perdón de los pecados es Jesucristo. Lo anterior lo podemos explicar de la siguiente manera:

La pregunta de la multitud	Respuesta de Pedro	Base Bíblica
¿Qué quiere decir esto?	Jesús ha derramado de su Espíritu sobre toda carne (Hechos 2:16-20)	Jehová promete derramar de su Espíritu sobre toda carne (Joel 2:28-31)
	Mas esto es lo dicho por el profeta Joel: Y en los postreros días, dice Dios, derramaré de mi Espíritu sobre toda carne, y vuestros hijos y vuestras hijas profetizarán; Vuestros jóvenes verán visiones, y vuestros ancianos soñarán sueños; y de cierto sobre mis siervos y sobre mis siervas en aquellos días derramaré de mi Espíritu, y profetizarán. Y daré prodigios arriba en el cielo, y señales abajo en la tierra, sangre y fuego y vapor de	Y después de esto derramaré mi Espíritu sobre toda carne, y profetizarán vuestros hijos y vuestras hijas; vuestros ancianos soñarán sueños, y vuestros jóvenes verán visiones. Y también sobre los siervos y sobre las siervas derramaré mi Espíritu en aquellos días. Y daré prodigios en el cielo y en la tierra, sangre, y fuego, y columnas de humo. El sol se convertirá en tinieblas, y la luna en sangre,

	humo; El sol se convertirá en tinieblas, y la luna en sangre, antes que venga el día del Señor, grande y manifiesto;	antes que venga el día grande y espantoso de Jehová
	Jehová ha revelado su nombre para salvación, de nueva cuenta, pero, ahora, para todas las naciones (Hechos 2:21,36-39 *(21) Y todo aquel **que invocare el nombre del Señor**, será salvo.* (36) Sepa, pues, ciertísimamente toda la casa de Israel, que a este Jesús a quien vosotros crucificasteis, Dios le ha hecho Señor y Cristo.	**Jehová promete revelar su nombre a toda carne, para que sea invocado para salvación** (Joel 2:32a) Y todo aquel **que invocare el nombre de Jehová** será salvo[29];
¿Qué haremos?	**Arrepiéntanse y bautícense invocando el nombre de Jesucristo para el perdón de sus pecados** Al oír esto, se compungieron de corazón, y dijeron a Pedro y a los otros apóstoles: Varones	**Invoquen el nombre de Jehová** Y todo aquel **que invocare el nombre de Jehová** será salvo;

---

[29] Es interesante observar que sólo hasta la mitad del vv.32, del capítulo 2 del libro de Joel, Pedro quiso citar la Escritura hebrea como fundamento de su sermón, según la narrativa de Lucas. El apóstol omitió citar la segunda parte del vv.32, que aludía a Jerusalén y al remanente judío, que parecía afirmar que eran los únicos receptores de las promesas del derramamiento del Espíritu y la revelación del nombre de Jehová para salvación, así quedaba abierto para ser aplicable a todas las naciones, en la narrativa de Lucas, las promesas de Joel.

	hermanos, **¿qué haremos?** Pedro les dijo: Arrepentíos, y bautícese cada uno de vosotros **en el nombre de Jesucristo para perdón de los pecados**; y recibiréis el don del Espíritu Santo. Porque para vosotros es la promesa, y para vuestros hijos, y para todos los que están lejos; para cuantos el Señor nuestro Dios llamare. Y con otras muchas palabras testificaba y les exhortaba, diciendo: Sed salvos de esta perversa generación. Así que, los que recibieron su palabra fueron bautizados; y se añadieron aquel día como tres mil personas	

Lo asombroso y maravilloso del sermón de Pedro es, que todo su mensaje a la multitud es una demostración de que la nueva revelación del nombre de Jehová es el nombre de Jesucristo. Por lo tanto, Pentecostés contiene la maravillosa revelación de que Jesucristo es el nombre del Señor (Jehová), profetizado por Joel, y que habría de ser revelado en Pentecostés, para el perdón de los pecados de todo aquel que lo invocare.

En suma, *Jesucristo es la nueva revelación del nombre de Jehová* para salvación.

B. La nueva revelación del nombre de Jehová profetizado por Ezequiel [30]

En el pensamiento teológico del profeta Jeremías, la nueva alianza era necesaria por causa de un deseo amoroso de Dios por Israel. Para Jeremías, el motivo principal de Dios era restaurar las relaciones con su pueblo, por un acto amoroso de su voluntad, aunque Israel le había fallado al pacto yendo tras dioses ajenos, y prostituyéndose en adoración a los *baales*. Había cometido, así, toda clase de aberraciones idolátricas y cultos de inmoralidad sexual, incluyendo, además, la abominable apostasía de entregar sus hijos en sacrificio a Moloch, pasándolos por fuego.

No obstante, lo anterior, el profeta Ezequiel no lo ve exactamente así. Para él, Jehová estaba sumamente interesado en establecer una nueva alianza con su pueblo, pero el motivo y propósito principal consistía en **restaurar la gloria de su Nombre** que, por el pecado y las abominaciones de Israel, había sido blasfemado por las naciones paganas, en todos los lugares adonde Israel había sido desterrado por su pecado.

Estas naciones se burlaban de Israel y de Jehová mismo, pues hacían escarnio y burla de ellos, y también del nombre de Jehová[31].

---

[30] Para una mayor comprensión de este tema vea a: Zimmerli, Walther (1980). *Manual de Teología del Antiguo Testamento.* Madrid; Ediciones Cristiandad. Pág. 246. Como también su excelente libro "La ley y los Profetas": Zimmerli, Walther (1980). *La Ley y los Profetas.* Salamanca: Ediciones Sígueme. Pag. 167.

[31] Op. Cit. Págs. 245-246. Este pasaje de Ezequiel es extraordinario. Jeremías había profetizado que la causa por la cual Jehová habría de hacer una nueva alianza con Israel,

Para estas naciones, Jehová no era Dios, pues no había podido salvar a su pueblo del destierro. De esta manera, las naciones paganas blasfemaban del Nombre que es sobre todo nombre, el Nombre de Jehová.

Por lo tanto, Jehová anuncia por boca de Ezequiel, que necesita hacer retornar a Israel a su tierra y hacer una nueva alianza con ellos. El motivo principal por el cual lo hará así, es porque quería restaurar la gloria de su Nombre, y hacer llegar esa gloria a todas las naciones: **para que todos los pueblos *sepan* que Él es el único Dios**, y no hay otro. Ezequiel lo explica de la siguiente manera:

Afirmaciones de Jehová	Base bíblica: Ezequiel 36:17ss
Jehová explica por qué mandó al exilio a Israel	*...mientras la casa de Israel moraba en su tierra, la contaminó con sus caminos y con sus obras... Y derramé mi ira sobre ellos... Les esparcí por las naciones...*
Jehová afirma que por causa de Israel su nombre fue blasfemado	*Y cuando llegaron a las naciones* adonde fueron, **profanaron mi santo nombre, diciéndose de ellos: Estos son pueblo de Jehová...**
El dolor de Jehová al ver su nombre blasfemado	*he tenido dolor al ver mi santo nombre profanado* por la casa de Israel entre las naciones adonde fueron
Dios promete intervenir en favor de su pueblo, pero en realidad lo hará por causa de su nombre,	*Así ha dicho Jehová el Señor:* **No lo hago por vosotros, oh casa de Israel, sino por causa de mi santo nombre,** el cual profanasteis vosotros entre las naciones adonde

a pesar de que le había fallado, se debía al grande amor de Dios por su pueblo. Sin embargo, Ezequiel afirma que la verdadera razón por la cual Jehová hará un nuevo pacto con Israel, se debe a que Jehová quiere restaurar la gloria de su nombre, y para que esto suceda, Jehová pondrá su Espíritu dentro de su pueblo.

para santificarlo y revelar su gloria, porque fue blasfemado	*habéis llegado.* **Y santificaré mi grande nombre, profanado entre las naciones**
Y lo hará para que las naciones **sepan** (reciban conocimiento, o reconozcan) que Él es Jehová (el eterno, el Dios supremo), el que tiene el Nombre sobre todo nombre	**y sabrán las naciones que yo soy Jehová**
Para que eso suceda pondrá su Espíritu dentro de su pueblo (Pentecostés)	**Y pondré dentro de vosotros mi Espíritu, y haré que andéis en mis estatutos, y guardéis mis preceptos, y los pongáis por obra**

Se puede ver, pues que, para Ezequiel, Jehová quiere establecer una nueva alianza con su pueblo, porque su motivo principal se debe a la necesidad de *santificar su grande nombre*[32] que ha sido profanado por todas las naciones a donde Israel fue dispersado por su pecado.

Para que eso suceda, Jehová promete poner su Espíritu dentro de su pueblo, y de esta forma darle a cada creyente un nuevo corazón y una nueva mente, con lo cual serán capaces de obedecer los preceptos de Jehová y ponerlos por obra. El teólogo

---

[32] "Grande nombre" (Ezequiel 36:23; RV60), expresión que utiliza Ezequiel para hablar del nombre de Jehová. Sin embargo, en hebreo pronunciado **"Shem Gadol"** en realidad posee el significado de **"glorioso nombre"**, y también el de **"el más excelente nombre"**. Por ello el dolor de Yahvé, que su Nombre que es sobre todo nombre, el más excelente Nombre, el cual debería recibir todo el honor y la gloria, esté siendo blasfemado por todas las naciones, por lo tanto, necesita restaurar su gloria: Strongs, James (2002). *Diccionario Strong de palabras originales del Antiguo y Nuevo Testamento"*. Nashville, TN-Miami, FL.; Editorial caribe. Págs. 87-88.

Salvador Carrillo Alday relaciona la profecía de este pasaje con el día del Pentecostés, explicándolo de la siguiente manera:

> Tal vez, el pasaje más importante del profeta Ezequiel, más aún, de todo el Antiguo Testamento, se encuentra en el corazón del capítulo 36,24-32. Es la promesa que Yahveh hace a su pueblo de infundir su Espíritu en el corazón de sus fieles. Muy probablemente a este texto se refirió Jesús cuando ordenó a sus apóstoles[33]: *"No os ausentéis de Jerusalén; aguardad la promesa del Padre que oísteis de mí: Juan bautizó con agua, pero vosotros seréis bautizados con el Espíritu Santo dentro de no muchos días"* (Hch 1,4-5).

Como lo señala también Carrillo Alday se puede ver que el acontecimiento al que Ezequiel proféticamente se refiere, es al derramamiento del Espíritu Santo acontecido el día del Pentecostés en Jerusalén.

> *En este sentido, el derramamiento del Espíritu Santo el día del Pentecostés no es un incidente casual de la historia, sino un proyecto divino, un acontecimiento bien planeado por Jehová mismo para revelar la gloria de su Nombre, su absoluta divinidad y majestuoso Señorío. Pentecostés, pues, fue un acontecimiento diseñado por Dios para establecer un nuevo pacto y levantar un nuevo pueblo que le conociera, le amara y llevara la gloria de su Nombre a las naciones.*

---

[33] Carrillo, Salvador (2009). *"La espiritualidad de los profetas"*. Navarra, España; Editorial Estella. Págs. 104-105.

Pero, lo más asombroso es, como ya lo dijimos líneas arriba, cuando explicamos la teología del Nombre del sermón de Pedro, que el Nombre revelado el día del Pentecostés para ser predicado e invocado para salvación y perdón de los pecados en todas las naciones, es el nombre de Jesucristo. La nueva revelación del nombre de Jehová el día del Pentecostés fue el nombre de Jesucristo.

Por eso, en Pentecostés, Pedro afirma que los que se arrepienten y bautizan, invocando el nombre de Jesucristo por la fe en la gracia salvífica de Dios, manifestada en su muerte y resurrección, reciben perdón de pecados. Esta invocación del nombre de Jesucristo para perdón de los pecados es una de las nuevas maneras en que, a partir de Pentecostés, Dios espera que todas naciones le den honor y gloria a su Nombre que es "el más excelente nombre", el "*Shem gadol*", pronunciado en hebreo (Ezequiel 36:23).

C. La teología apostólica del nombre de Jesús a partir de Pentecostés: Es el Nombre sobre todo nombre

Así, pues, a partir del derramamiento del Espíritu Santo el día del Pentecostés acontecido en Jerusalén, los apóstoles predicarán el evangelio teniendo como una de sus afirmaciones teológicas centrales que "Jesucristo" es el más alto, sublime, glorioso y más excelente nombre que Dios le haya dado a los hombres. Por eso, *sólo en el nombre de Jesús hay salvación, perdón de pecados, vida eterna, sanidad, autoridad sobre toda potestad, principado y gobernadores de las tinieblas.*

Pero ¿de dónde sacaron esta cristología tan especial los apóstoles? No hay duda, de la revelación del nombre de Jehová acontecida en Pentecostés, como cumplimiento de las profecías de Joel y de Ezequiel que afirmaron que Jehová revelaría su glorioso nombre de nueva cuenta, para santificarlo, honrarlo y glorificarlo en todas las naciones, allí donde, precisamente había sido blasfemado.

Así, pues, en palabras proféticas de Ezequiel, el nombre de Jesús es la revelación del "Shem gadol"[34] (Ez.36:23), frase que alude a la nueva revelación de "el más excelente nombre", es decir, del glorioso nombre de Jehová, para restaurar el honor y la gloria que le debe dar, no sólo en Israel sino todas las naciones, las cuales lo habían blasfemado, al burlarse de Yahvé y de Israel.

En virtud de las ideas teológicas mencionadas, a partir de Pentecostés, se vuelve totalmente normal que los apóstoles van a aplicar frases de extraordinario valor teológico al nombre de Jesucristo. De hecho, en el mismo día de Pentecostés ya le habían aplicado varias frases de alto contenido teológico a su nombre. Algunas de ellas fueron las siguientes:

> *(v.21) "Y todo aquel que invocare el nombre del **Señor** será salvo"*

---

[34] Strong, James. Op. Cit. Págs. 87-88. Frase que significa "el más excelente nombre", "grande nombre", en referencia al nombre de Yahvé.

*(v.25) "Porque David dice de él: Veía al **Señor** siempre delante de mí; Porque está a mi diestra, no seré conmovido"*

*(v.30) "Pero siendo profeta, y sabiendo que con juramento Dios le había jurado que, de su descendencia, en cuanto a la carne, levantaría al **Cristo** para que se sentase en su trono"*

*(v.34-35) "Porque David no subió a los cielos; pero él mismo dice: Dijo el Señor a mi **Señor**: Siéntate a mi diestra, hasta que ponga a tus enemigos por estrado de tus pies"*

*(v.36) Sepa, pues, ciertísimamente toda la casa de Israel, que a este Jesús a quien vosotros crucificasteis, Dios le ha hecho **Señor y Cristo**"*

*(38) "Pedro les dijo: Arrepentíos, y bautícese cada uno de vosotros **en el nombre de Jesucristo** para perdón de los pecados; y recibiréis el don del Espíritu Santo"*

*(v.39) Porque para vosotros es la promesa, y para vuestros hijos, y para todos los que están lejos; para cuantos el **Señor nuestro Dios** llamare"*

En un resumen, de todos los términos que aplica Pedro a Jesucristo en su sermón del día de Pentecostés son los siguientes:

- Se refiere a Jesucristo como "Señor" cinco veces

- Se refiere a Jesús como el "Cristo" dos veces

- Se refiere a Jesús como "el Señor nuestro Dios", una vez

Sin duda, estos versículos son de un alto valor teológico por lo que afirman, teniendo como trasfondo las profecías de Joel y Ezequiel. En suma:

1. Afirman que el nombre de Jesús tiene *autoridad* para el perdón de los pecados.

2. Que el nombre de Jesús es la *nueva revelación* del nombre del Señor, es decir, de Jehová mismo (v. 21,39).

3. Que Jesús es el *único nombre que debe ser invocado* para salvación (v.21).

4. Y que este nombre debe ser i*nvocado para el perdón de los pecados* y la salvación, en todos los idiomas bajo el cielo, para que el honor de su nombre sea restaurado, precisamente, en todos los lugares donde fue blasfemado, empezando por Jerusalén y todo Judea, hasta lo último de la tierra (v.39).

D. Es el único nombre en el cual hay autoridad para el perdón de los pecados

Ahora bien, que los apóstoles entendieron el nombre de Jesús, como el más alto y sublime nombre que pueda haber para salvación y perdón de los pecados, y que en verdad entendieron que Jesús es el nombre de más alto rango de autoridad revelado a los hombres, compruébelo usted mismo en las palabras que Pedro expresa cuando fue arrestado por los gobernantes y ancianos de Israel. Entre ellos estaba el Sumo Sacerdote Caifás y Pedro, refiriéndose a la autoridad del nombre de Jesús, les dijo:

> *"Este **Jesús** es la piedra reprobada por vosotros los edificadores, la cual ha venido a ser la cabeza del ángulo. Y* **en ningún otro hay salvación***; porque* **no hay otro nombre** *bajo el cielo,* **dado a los hombres***, en que podamos ser salvos"* (Hechos 4:11-12)

La frase "bajo el cielo, **dado a los hombres**", indudablemente, habla de la revelación del Nombre sobre nombre acontecida en Jesucristo, de la revelación del *"Shem gadol"*, del nombre de Jehová, revelación que se había dado en el escándalo de la cruz, en su muerte y resurrección, pero que fue entendida a profundidad el día del Pentecostés con el derramamiento del Espíritu Santo.

La muerte en la cruz parecía demostrar que Jesús era piedra reprobada, pero la resurrección de entre los muertos reveló su verdadera y sublime autoridad. Jesucristo es el nombre que está por encima de todo principado y potestad, aún de la misma muerte, la cual no pudo retenerle. Por eso, **en ningún otro hay salvación; sólo en Jesucristo.**

De hecho, Jesús mismo había revelado este tema teológico en su ministerio terrenal, en el episodio narrado en Marcos 2:1-12, que habla de la sanidad de un paralítico de nacimiento, el cual había sido llevado por cuatro personas a la casa donde se encontraba ministrando la palabra.

En este pasaje, el verso 5 nos dice que las palabras de Jesús fueron contundentes, para mostrar su autoridad para perdonar pecados. Lo hizo de la siguiente manera: *"Al ver Jesús la fe de ellos, dijo al paralítico: Hijo, tus pecados te son perdonados".*

Los fariseos presentes en ese lugar no creyeron que Jesús tuviera tal autoridad y la cuestionaron en sus corazones. Pero Jesús, para demostrar su autoridad para perdonar pecados, declaró otra vez una palabra de autoridad sobre el paralítico, pero ahora de sanidad, y al ser sanado el paralítico por esta palabra de autoridad, esta sanidad se convertía, entonces, en la evidencia definitiva de la autoridad de Jesús para perdonar pecados.

Así, pues, la revelación acontecida en Pentecostés confirmaba nuevamente la autoridad de Jesús para perdonar pecados, pero, ahora, manifestada en la invocación del nombre de Jesús: *"Pedro les dijo: Arrepentíos, y bautícese cada uno de vosotros en el*

nombre de Jesucristo para perdón de los pecados; y recibiréis el don del
Espíritu Santo".

La única diferencia entre la revelación del día del Pentecostés y la desarrollada en los evangelios, por Jesús mismo, en el episodio del paralítico sanado en casa de Pedro, en realidad, consistía en que en los evangelios no se nos dice por qué Jesús posee tal autoridad para perdonar pecados.

En el Sermón de Pedro, y a partir de Pentecostés, para los apóstoles queda claro: Jesucristo tiene autoridad para perdonar pecados, porque Jesucristo es la nueva revelación del nombre de Jehová, por lo tanto, Jesucristo es el Nombre que es sobre todo nombre. Vea a continuación el comparativo de los pasajes mencionados de la autoridad del nombre de Jesús, entre el evangelio de Marcos y el libro de los Hechos de los Apóstoles:

Pasaje de Marcos 2:3-12	Pasaje de Hechos 4:8-12	Autoridad de Jesús
Entonces vinieron a él unos trayendo un paralítico, que era cargado por cuatro. Y como no podían acercarse a él a causa de la multitud, descubrieron el techo de donde estaba, y haciendo una abertura, bajaron el lecho en que yacía el paralítico. Al ver Jesús la fe de ellos, dijo al paralítico: **Hijo,**	vv.11-12 Este Jesús es la piedra reprobada por vosotros los edificadores, la cual ha venido a ser cabeza del ángulo. Y en ningún otro hay salvación; porque no hay otro nombre bajo el cielo, dado a los hombres, en que podamos ser salvos	• La autoridad de Jesús para perdonar pecados. • El poder salvífico de su nombre • No hay otro nombre dado para salvación • No hay otro salvador

tus pecados te son perdonados.		
Estaban allí sentados algunos de los escribas, los cuales cavilaban en sus corazones: ¿Por qué habla éste así? Blasfemias dice. **¿Quién puede perdonar pecados, sino sólo Dios?**	vv.5-7 Aconteció al día siguiente, que se reunieron en Jerusalén los gobernantes, los ancianos y los escribas, y el sumo sacerdote Anás, y Caifás y Juan y Alejandro, y todos los que eran de la familia de los sumos sacerdotes; y poniéndoles en medio, les preguntaron: **¿Con qué potestad, o en qué nombre, habéis hecho vosotros esto?**	**Cuestionamiento de los líderes de Israel, de la autoridad de Jesús** • Los escribas en Marcos • Los gobernantes, ancianos y el Sumo Sacerdote en Hechos
Y conociendo luego Jesús en su espíritu que cavilaban de esta manera dentro de sí mismos, les dijo: ¿Por qué caviláis así en vuestros corazones ¿Qué es más fácil, decir al paralítico: Tus pecados te son perdonados, o decirle: ¿Levántate, toma tu lecho y anda? **Pues para que sepáis que el Hijo del Hombre tiene potestad en la tierra para perdonar pecados (dijo al paralítico): A ti te digo:**	vv.8-10 Entonces Pedro, lleno del Espíritu Santo, les dijo: Gobernantes del pueblo, y ancianos de Israel: Puesto que hoy se nos interroga acerca del beneficio hecho a un hombre enfermo, de qué manera éste haya sido sanado, sea notorio a todos vosotros, y a todo el pueblo de Israel, que en el nombre de Jesucristo de	**Evidencia de la autoridad de Jesús para perdonar pecados y que es el único salvador** • La sanidad del paralítico, evidencia de la autoridad de Jesús, tanto en Marcos, como en Hechos

Levántate, toma tu lecho, y vete a tu casa. Entonces él se levantó en seguida, y tomando su lecho, salió delante de todos, de manera que todos se asombraron, y glorificaron a Dios, diciendo: Nunca hemos visto tal cosa.	Nazaret, a quien vosotros crucificasteis y a quien Dios resucitó de los muertos, **por él este hombre está en vuestra presencia sano.**	

Como lo puede ver usted mismo, el pasaje de Marcos con el del libro de los Hechos son asombrosamente idénticos en la estructura narrativa, como en la estructura argumentativa de la autoridad de Jesús para perdonar pecados. Además de que ambos episodios afirman la autoridad de Jesús para perdonar pecados.

También ambos pasajes presentan como evidencia de la autoridad de Jesús para perdonar pecados, la sanidad de un paralítico. Solo difieren en la secuencia: en el pasaje de Marcos primero es la declaración de Jesús diciéndole al paralítico que perdona sus pecados; en el libro de los Hechos de los Apóstoles Lucas primero presenta la sanidad, y después los apóstoles afirman que Jesucristo es el único Salvador, porque no hay otro nombre bajo el cielo, dado a los hombres para salvación.

Ahora bien, si Jesucristo es el nombre más alto y sublime, el que tiene la suprema autoridad para salvar, entonces, no existe ningún problema para entender que sólo en su nombre hay arrepentimiento, fe y bautismo para el perdón de los pecados.

Sólo en su nombre hay liberación de toda posesión o perturbación demoníaca. Sólo en el nombre de Jesús hay sanidad de toda enfermedad no importando la razón u origen de la misma. Y sólo en Jesucristo hay victoria sobre toda potestad que exista en este mundo, visible e invisible.

En suma, todo está debajo de sus pies y de su autoridad, del Señorío total y absoluto de su nombre; porque su nombre es la revelación misma del nombre de Jehová.

Pedro no tenía ninguna duda lo que había entendido y predicado en Pentecostés fundamentándolo en el profeta Joel, de hecho, después de Pentecostés, logró comprender aún más, en casa de Cornelio, adonde lo envió el Espíritu Santo a predicar el evangelio a los gentiles.

Afirmó algo extraordinario, no solo que Joel había profetizado de que solo en el nombre de Jesús se recibe el perdón de los pecados y la salvación, sino que afirmó que todos los profetas habían dado testimonio de que sólo en el nombre de Jesucristo se recibe el perdón de los pecados. Su sermón en casa de Cornelio fue con las siguientes palabras:

> 43 De este dan testimonio todos los profetas, que todos los que en él creyeren, **recibirán perdón de pecados por su nombre.** 44 mientras aún hablaba Pedro estas palabras, **el Espíritu Santo Cayó** sobre todos los que oían el discurso. 45 **y los fieles de la circuncisión** que habían venido con Pedro **se quedaron atónitos** de que

también sobre los gentiles se derramase el don del Espíritu Santo. 46 porque los oían que hablaban en lenguas, y que magnificaban a Dios. 47 entonces respondió Pedro: **¿Puede acaso alguno impedir el agua, para que no sean bautizados estos que han recibido el Espíritu Santo también como nosotros?** 48 Y **mandó bautizarles en el nombre del Señor Jesús.** Entonces le rogaron que se quedase por algunos días (Hechos 10:43-48; énfasis mío)

Así, pues, a partir del Pentecostés de Jerusalén, la teología del nombre de Jesús, como la revelación del nombre de Jehová mismo para salvación, aterrizó en términos concretos, *en una teología de Jesucristo como el único Salvador.* De esta forma, la teología del nombre de Jehová revelado en Jesucristo se convirtió en clave de su autoridad para el perdón de los pecados. Así, la predicación del evangelio era anunciarles a todas las personas la autoridad del nombre de Jesucristo, de que sólo en él hay perdón de pecados y vida eterna.

Por eso, en concordancia teológica con lo anterior, los apóstoles predicaban el arrepentimiento y el bautismo, no como un simple rito, sino como el acto de fe en el cual el creyente invoca el nombre de Jesucristo, porque reconoce que sólo la gracia salvífica de Dios manifestada en su muerte y resurrección puede ofrecerle el perdón de los pecados.

A partir del derramamiento del Espíritu Santo en casa de Cornelio, el bautismo empezó a ser entendido, además de un acto de fe en poder del nombre de Jesús para el perdón de los pecados, también como una renuncia a las obras o méritos propios para salvación. En concreto, era una renuncia a la circuncisión como requisito para el perdón de los pecados.

Pedro bautiza a Cornelio y a los de su casa sin circuncidarlos. De esta manera, se va precisando la idea teológica del arrepentimiento y el bautismo como un acto de fe, de que sólo Jesucristo, su muerte y resurrección nos salvan de todo pecado, sin las obras de la ley, o méritos personales.

Así, pues, a medida que los apóstoles fueron entendiendo todo esto, también fueron enseñando cada vez más con mayor firmeza, que no era necesaria la circuncisión para recibir el Espíritu Santo, ni para ser bautizado en el nombre de Jesucristo, pues en Cristo, sin los méritos de la ley, la salvación estaba completa.

Sin embargo, quien más entendió esto último fue el gran apóstol Pablo, pero reservaremos para el siguiente capítulo la teología del nombre desarrollada por el apóstol de los gentiles. Fue una teología fundamentada precisamente en la revelación dada por el Espíritu Santo el día del Pentecostés a los doce, pero que había sido manifestada en el escándalo de la cruz, es decir, en la muerte y resurrección de Jesucristo.

PENTECOSTÉS, INFLUJO EN LA TEOLOGÍA PAULINA

La reflexión paulina sobre el derramamiento del Espíritu Santo el día del Pentecostés se tradujo, precisamente, en una reflexión teológica de lo acontecido en el Pentecostés como un Nuevo Sinaí.

Así, por ejemplo, se puede observar el pasaje que se encuentra en 2 Corintios 3:1-18, donde hace todo un comparativo teológico entre la revelación acontecida con el derramamiento del Espíritu Santo en Jerusalén, y lo acontecido en el Sinaí. De este comparativo, como veremos en este capítulo, Pablo esboza ideas teológicas extraordinarias que van a ser claves en la mayor parte de su teología del Nuevo Testamento. Entre algunas de ellas se observa, por ejemplo, que el Pentecostés como un Nuevo Sinaí nutre su doctrina de la justificación por la fe, la regeneración, y alimenta, además, una reflexión teológica incipiente sobre la revelación de la absoluta divinidad de Jehová acontecida en Jesucristo.

Por supuesto, no podré desarrollar de manera exhaustiva todo lo anterior, pero demostraremos que nuestros señalamientos son correctos. Nuestro camino para mostrarlo será, como lo hemos venido haciendo, a través de una exégesis bíblica, lo cual será suficiente para que nos quede a la vista con toda claridad lo que estamos afirmando.

Ya de hecho, teólogos como García Cordero habían observado el comparativo paulino entre el Sinaí y el Pentecostés. El nos informa, incluso, que si bien es cierto, el pentecostés era una fiesta judía llamada "fiesta de las cosechas", una tradición rabínica había afirmado posteriormente que en ese día Dios también había entregado la ley a Israel en el Sinaí y que se debía celebrar la promulgación de la ley, precisamente, en el día del pentecostés. García Cordero comenta sobre ésto lo siguiente:

> Esa fiesta de Pentecostés era una de las tres grandes fiestas judías llamadas de "peregrinación," pues en ellas debían los israelitas peregrinar a Jerusalén para adorar a Dios en el único y verdadero templo que se había elegido. Las otras dos eran Pascua y los Tabernáculos. Estaba destinada a dar gracias a Dios por el final de la recolección, y en ella se le ofrecían los primeros panes de la nueva cosecha. Una

tradición rabínica posterior añadió a este significado el de conmemoración de la promulgación de la Ley en el Sinaí; y, en este sentido, los Padres hablan muchas veces de que, así como la Ley mosaica se dio el día de Pentecostés, **así la Ley nueva, que consiste principalmente en la gracia del Espíritu Santo y ha de sustituir a la Ley antigua, debía promulgarse en ese mismo día.** Es posible que Lucas, comenzando precisamente por hacer notar la coincidencia del hecho cristiano con la fiesta judía, esté tratando ya de hacer resaltar la misma idea. (Ibid, 1967, p. 4589)[35]

No obstante, lo anterior, nuestro análisis siguiente se concretará principalmente en ir directamente al texto bíblico, y a partir de ahí, reflexionar las afirmaciones teológicas que encontramos, como también consultar a otros exégetas y expresar nuestras propias conclusiones.

A. El comparativo paulino de Pentecostés y el Sinaí

El texto representativo por excelencia en la teología paulina, sin duda alguna, es 2 Corintios 3:1-18. Aquí Pablo hace un magistral desarrollo, aunque breve, de temas como los que ya mencionamos: la regeneración, justificación, perdón de pecados, y sobre todo, incluso, examina la divinidad absoluta de Jesucristo, centrando su reflexión como ya lo hacen los demás apóstoles, pero con aspectos nuevos y extraordinarios,

---

[35] Ibid (1967), Tomo 6, p. 4589.

afirmando que Jesucristo es el Señor. Veamos primeramente el texto en cuestión.

"¿Comenzamos otra vez a recomendarnos a nosotros mismos? ¿O tenemos necesidad, como algunos, de cartas de recomendación para vosotros, o de recomendación de vosotros? Nuestras cartas sois vosotros, escritas en nuestros corazones, conocidas y leídas por todos los hombres; siendo manifiesto que sois carta de Cristo expedida por nosotros, escrita no con tinta, sino con **el Espíritu del Dios vivo**; no en tablas de piedra, sino en tablas de carne del corazón. Y tal confianza tenemos mediante Cristo para con Dios; no que seamos competentes por nosotros mismos para pensar algo como de nosotros mismos, sino que nuestra competencia proviene de Dios, el cual asimismo nos hizo ministros competentes de un nuevo pacto, no de la letra, sino del Espíritu; porque la letra mata, más el Espíritu vivifica. Y si el ministerio de muerte grabado con letras en piedras fue con gloria, tanto que los hijos de Israel no pudieron fijar la vista en el rostro de Moisés a causa de la gloria de su rostro, la cual había de perecer, ¿cómo no será más bien con gloria el ministerio del Espíritu? Porque si el ministerio de condenación fue con gloria, mucho más abundará en gloria el ministerio de justificación. Porque aun lo que fue glorioso, no es glorioso en este respecto, en comparación con la gloria más eminente. Porque si lo que perece tuvo gloria, mucho más glorioso será lo que permanece" (2 Corintios 3:1-11; RV60)

Si bien es cierto, el lenguaje de Pablo presenta elementos de discontinuidad, también es cierto, que visto de otra manera, esos mismos elementos pueden ser vistos como aspectos de continuidad, pero que superan la revelación acontecida en el Sinaí.

Así, por ejemplo, el énfasis de Pablo en este capítulo es que el Pentecostés como lugar donde Dios estableció el nuevo pacto con su nuevo pueblo la iglesia, es un ministerio **mucho más glorioso que el del Sinaí. L**o cual coloca a Pablo afirmando que el Sinaí fue un evento glorioso, pero el derramamiento del Espíritu Santo es para él un evento divino, sobrenatural, lleno de revelaciones que impactan la fe de la iglesia, y el camino de la salvación, que lo convierten en un acontecimiento de la manifestación de la gloria de Dios, mucho más excelso que el acontecido en el Sinaí.

Así, con el propósito de mostrar la continuidad de un grado de revelación de gloria, el Sinaí, a otro grado mayor de manifestación y revelación de la gloria de Dios, enfatizará que un representa un ministerio de muerte, y el otro, Pentecostés, un ministerio de vida, lo cual no significa para Pablo que Dios se reveló para muerte en el Sinaí, sino que en eso terminó por convertirse la ley dada en el Sinaí, por el pecado y transgresión con que Israel se comportó frente a ella, la cual nunca pudo obedecer, y acabó por anular el pacto y recibir condenación.

Así, para Pablo el nuevo pacto establecido en Pentecostés es justificación, perdón de pecados, nueva vida, regeneración, presencia de Dios dentro de su pueblo, obediencia nacida en el corazón, y manifestación de la plenitud de la gloria de la de Dios manifestada en Jesucristo.

B. Pentecostés y la obra regeneradora del Espíritu

Para fundamentar su visión de Pentecostés como un nuevo Sinaí, Pablo va a tomar como trasfondo de su reflexión y argumentos teológicos a los mismos profetas del Antiguo Testamento que anunciaron el Pentecostés, como un día establecido por Dios para realizar con su pueblo un nuevo pacto, derramar de su Espíritu y producir un nuevo corazón, que fue lo que no pudo producir la ley, y por ello se convirtió en ministerio de muerte grabada en piedras. Entre estos se puede observar a profetas como Ezequiel y Jeremías, quienes profetizaron el derramamiento del Espíritu de Jehová y su obra regeneradora en el corazón de los creyentes de la siguiente manera:

> Y yo os tomaré de las naciones, y os recogeré de todas las tierras, y os traeré a vuestro país. Esparciré sobre vosotros agua limpia, y seréis limpiados de todas vuestras inmundicias; y de todos vuestros ídolos os limpiaré. Os daré corazón nuevo, y

pondré espíritu nuevo dentro de vosotros; y quitaré de vuestra carne el corazón de piedra, y os daré un corazón de carne. Y pondré dentro de vosotros mi Espíritu, y haré que andéis en mis estatutos, y guardéis mis preceptos, y los pongáis por obra. "...**porque este es el pacto que haré con la casa de Israel después de aquellos días**--declara el SEÑOR--. **Pondré mi ley dentro de ellos, y sobre sus corazones la escribiré; y yo seré su Dios y ellos serán mi pueblo** (Jeremías 31:33; RV60)

Yo les daré un solo corazón y pondré un espíritu nuevo dentro de ellos. Y quitaré de su carne el corazón de piedra y les daré un corazón de carne (Ezequiel 11:19; RV60)

Por lo cual, **este es el pacto que haré** con la casa de Israel después de aquellos días, dice el Señor: **Pondré mis leyes en la mente de ellos, Y sobre su corazón las escribiré; Y seré a ellos por Dios, Y ellos me serán a mí por pueblo** (Hebreos 8:10; RV60. Énfasis mío)

Fundamentado en estos profetas, Pablo mismo interpretó el Pentecostés como un nuevo Sinaí, como el nuevo pacto de Dios con su pueblo, que es la iglesia, donde la manifestación misma de Dios en Espíritu hace posible un corazón y una mente nueva que regenera al creyente para servir, obedecer su palabra, vivir en santidad y adorar a Dios en una vida nueva y trasformada. Pablo lo explicó de la siguiente forma:

> 6 el cual asimismo nos hizo ministros competentes de un nuevo pacto, no de la letra, sino del Espíritu; porque **la letra mata**, más **el Espíritu vivifica**. 7 Y si el **ministerio de muerte grabado con letras en piedras** fue con gloria, tanto que los hijos de Israel no pudieron fijar la vista en el rostro de Moisés a causa de la gloria de su rostro, la cual había de perecer, 8 ¿cómo no será más bien con gloria **el ministerio del Espíritu?** 9 porque si **el ministerio de condenación** fue con gloria, mucho más abundará en gloria **el ministerio de justificación**. (1 Corintios 3:6-9; RV60. Énfasis mío)

Como podemos ver, para Pablo el Pentecostés es el ministerio del Espíritu que capacita para la obediencia, amor y servicio a Dios, porque capacita a persona para ello dándole un nuevo corazón, escribiendo los mandamientos del Señor en lo más profundo del interior de los creyentes. Mientras que las tablas de la ley dadas en el Sinaí son el ministerio de muerte grabado en piedras que nunca pudieron llevar a las personas a la fidelidad y a la obediencia a Dios, y terminaron condenándolo a muerte. Así, una manifestación de Jehová llena de gloria, terminó en condenación y muerte, por el pecado de Israel que nunca pudo amarle con todo su corazón, alma y fuerzas, como lo enseñaba el **Shemá.**

Por lo anterior, Pablo no tiene duda, el ministerio del Espíritu es con mucha mayor gloria porque el Espíritu en el corazón de los creyentes regenera el corazón y la mente de las personas, y las lleva a un encuentro con la gracia salvífica de Dios manifestada en Jesucristo, para el perdón de sus pecados. Eso fue, precisamente, lo que hizo el Espíritu Santo desde el mismo día del Pentecostés; llevó a una multitud a tener una nueva mente y un nuevo corazón.

Así, en Pentecostés, por el ministerio del Espíritu Santo una multitud de tres mil personas fueron **"compungidas de corazón"**, y preguntaron **¿qué haremos?,** la respuesta del Espíritu Santo por boca de Pedro fue contundente **"… arrepentíos y bautícese cada uno de vosotros en el nombre de Jesucristo…".**

El poder regenerador del Espíritu Santo llevó así a esas tres mil personas a bautizarse, invocando el nombre de Jesucristo para el perdón de los pecados.

Regeneración y perdón de pecados se hicieron realidad, como lo profetizaron Jeremías y Ezequiel, en esas primeras tres mil personas entregadas a Jesucristo, por el poder regenerador del Espíritu Santo. A partir de aquí el ministerio lleno de gloria del Espíritu Santo impulsará a la iglesia a predicar a Jesucristo en todas las naciones.

C. El Señor es el Espíritu

No obstante, lo anterior, Pablo va aún más lejos en este pasaje, siguiendo la lectura del capítulo, en los versículos 17-18, Pablo llega a la afirmación teológica unicitaria siguiente:

> 17 Porque **el Señor es el Espíritu**, y donde está el Espíritu del Señor, allí hay libertad. 18 Por eso, todos nosotros, **ya sin el velo que nos cubría la cara**, somos como un espejo que refleja la gloria del Señor; y vamos transformándonos en su misma imagen porque cada vez tenemos más de su gloria, y esto **por la acción del Señor, que es el Espíritu**. (2 Corintios 3:17-18; DHH 2002. Énfasis mío)[36]

Extraordinaria y profunda afirmación sobre la identidad de Jesús, **"el Señor es el Espíritu"**, la conversión de Israel a Cristo sólo podrá suceder cuando sea quitado el velo que no les deja ver la excelsa gloria de Dios manifestada en el Pentecostés, y este velo sólo podrá ser quitado cuando se conviertan al Señor por el ministerio del Espíritu. A final de cuentas, **"el Señor es el Espíritu"**, y donde está el Espíritu del Señor allí hay libertad (v.17; RV60).

---

[36] La versión Dios Habla Hoy DHH (2002) traduce de manera extraordinaria el texto de 2 Corintios 3:17-18 mostrando que el Señor es el Espíritu y que por su acción en Espíritu trae libertad y justificación de pecados.

Aún más, Pablo afirma en el marco teológico y comparativo del Sinaí con el Pentecostés, que ya sin el velo que cubre la cara, el creyente va creciendo en una trasformación extraordinaria a la misma imagen del Señor, y a reflejar como en un espejo la gloria de Dios, **"y ésto por la acción del Señor, que es el Espíritu"** (v.18; DHH 2002). Es decir, la acción misma del Espíritu es la acción del Señor Jesucristo, porque **el Señor es el Espíritu.**

Una vez que se reflexionan todas estas afirmaciones sobre la divinidad de Jesús, derivadas de la reflexión del derramamiento del Espíritu Santo, y hechas también en el mismísimo día del Pentecostés, se suman de tal manera para identificarlo de la siguiente forma: como **"Señor y Cristo"**, **"Señor nuestro Dios"**, **"el Señor es el Espíritu"**, **"Jesús es el Señor"**; afirmaciones tanto paulinas como de los doce.

A todo lo anterior habría que agregarle otras afirmaciones paulinas referentes al Espíritu Santo señalándolo como la manifestación misma de la **"morada de Dios en Espíritu"**, por ejemplo, entonces no nos dejan lugar a dudas de la intencionalidad de mostrarnos a la divinidad como una unicidad divina revelada el día del Pentecostés, y de esta forma asegurar que Jesucristo es la nueva manera de Jehová manifestar su divinidad a su pueblo en el nuevo pacto. Por eso, Jesús es el Nombre que es *sobre todo nombre*, y todo el poder salvífico de Dios se encuentra fundamentado en la gracia y misericordia divina manifestada en la muerte y resurrección de Jesús.

En virtud de lo anterior, Pablo llegará a afirmar sin ningún signo de duda, en referencia a la divinidad de Jesucristo y su poder salvífico total y completo en él, palabras extraordinarias y profundas que el apóstol dirigió a una iglesia que no entendía la plenitud de la divinidad manifestada en Jesucristo, ni la plena salvación que en él. Dios mismo obra en la vida de todo creyente, perdonando sus pecados, liberándolo de su la esclavitud de su naturaleza corrupta, anulando el acta de los decretos (la ley) que lo condenaba, y liberándolo de toda potestad o poder demoníaco que lo llevaba cautivo al pecado. Analice directamente sus palabras:

> **8** Mirad que nadie os engañe por medio de filosofías y huecas sutilezas, según las tradiciones de los hombres, conforme a los rudimentos del mundo, y no según Cristo. **9 porque en él habita corporalmente toda la plenitud de la Deidad**, **10** y vosotros estáis completos en él, que es la cabeza de todo principado y potestad. **11** en él también fuisteis circuncidados con circuncisión no hecha a mano, al echar de vosotros el cuerpo pecaminoso carnal, en la circuncisión de Cristo; **12** sepultados con él en el bautismo, en el cual fuisteis también resucitados con él, mediante la fe en el poder de Dios que le levantó de los muertos. **13** Y a vosotros, estando muertos en pecados y en la incircuncisión de vuestra carne, os dio vida juntamente con él, perdonándoos todos los pecados, 14 anulando el acta de los decretos que había contra nosotros, que nos era contraria, quitándola de en medio y clavándola en

la cruz, **15** y despojando a los principados y a las potestades, los exhibió públicamente, triunfando sobre ellos en la cruz.

El argumento central de todo este poder salvífico, obra regeneradora y plenitud de vida nueva es que **en Jesucristo habita corporalmente toda la plenitud de la deidad.** ¿Hay otra razón más grande? No podría ser de otra manera: **Jesucristo es el Señor y Dios,** como lo dijo Pedro en su sermón del Pentecostés (Hechos 2:39).

A partir de estas constataciones, es decir del influjo de Pentecostés en su teología, el apóstol Pablo desarrolla una *teología del nombre* de Jesús extraordinaria en la mayor parte de sus cartas. Sin duda alguna, puedo afirmar que se alimenta de la revelación acontecida en Pentecostés por el Espíritu Santo. Su reflexión teológica acerca del nombre de Jesús girará alrededor de una verdad central clara y firmemente definida: *Jesucristo es el Nombre sobre todo nombre.*

Para el apóstol Pablo, por lo tanto, la revelación del Nombre de Jesús revela a su vez su *absoluta autoridad* como el único Salvador, y su *absoluta identidad* como Señor y Dios. Veámoslo con más detalle en el siguiente capítulo.

5

PENTECOSTÉS, EJE DE LA TEOLOGÍA PAULINA

A. Jesucristo tiene absoluta autoridad para perdonar pecados

El apóstol Pablo desarrolla una teología de la justificación por la fe que se nutre de manera muy especial del Pentecostés y de la profecía de Joel del nombre Jesús como el Señor. Él está totalmente seguro que, la salvación necesita ineludiblemente de la invocación del nombre de Jesucristo. Para Él, Jesucristo posee absoluta autoridad para perdonar pecados. Sus afirmaciones, sobre la autoridad salvífica del nombre de Jesús, son afirmaciones que el apóstol Pedro hizo también en su sermón predicado el día del Pentecostés. Incluso, ambos apóstoles utilizan el pasaje bíblico de Joel como fundamento teológico de sus afirmaciones cristológicas del nombre de Jesús: "**porque**

todo aquel que invocare el nombre del Señor, será salvo" (Ro.10:13; *cf.* Hch.2:21)

También, ambos dicen que el nombre de Jesús es el nombre del Señor, es decir, de Jehová mismo, y que para poderlo invocar y confesar como el Señor, se necesita creer en el corazón que Dios lo levantó de los muertos. De esta manera, como en el sermón de Pedro, Pablo afirma, pues, que en la muerte y resurrección de Jesús quedó revelado absoluta y claramente que Jesucristo es el Señor, y no solamente que es el Cristo. En otras palabras, para Pablo, como para Pedro, *el nombre de Jesús es la nueva revelación del nombre de Jehová* como lo dijo el profeta Joel, por lo tanto, en su nombre hay poder y autoridad total para el perdón de los pecados, autoridad que nadie más tiene, ni puede tener; solo Jesús y su glorioso nombre.

El pasaje donde Pablo desarrolla todas sus ideas cristológicas básicas, sobre la justificación por la fe en el nombre de Jesús, se encuentra en Romanos 10:9-14, precisamente en una de sus cartas más representativas, de su profunda reflexión soteriológica, donde si observamos con detenimiento sus reflexiones cristológicas sobre la autoridad que posee el nombre de Jesucristo para la salvación de todo ser humano, podremos ver una total concordancia teológica, de sus afirmaciones cristológicas, con las de Pedro, como ya lo señalamos.

Observe el texto en cuestión:

Cristología paulina del nombre de Jesús en la carta a los Romanos 10:9-14	Afirmación teológica de Pablo
9 que, si **confesares con tu boca que Jesús es el Señor, y creyeres en tu corazón que Dios le levantó de los muertos, serás salvo.** 10 Porque con el corazón se cree para justicia, pero con la boca se confiesa para salvación. 11 Pues la Escritura dice: Todo aquel que en él creyere, no será avergonzado. 12 Porque no hay diferencia entre judío y griego, pues el mismo que es Señor de todos, es rico para con todos los que le invocan; 13 porque **todo aquel que invocare el nombre del Señor, será salvo.**	1. Se debe invocar el nombre de Jesús para salvación (v.13) 2. Con la fe de que Jesús es el Señor 3. Y de que Dios lo levantó de los muertos 4. Y que esta eficacia salvífica del nombre de Jesús es tanto para judíos como para los griegos (gentiles)
14 ¿**Cómo, pues, invocarán** a aquel en el cual no han creído? ¿Y **cómo creerán** en aquel de quien no han oído? ¿Y cómo oirán sin haber quien les predique?	5. Por lo tanto, se debe predicar el nombre de Jesús en todas las naciones para que oigan de él, crean en su nombre y lo invoquen para salvación (Hechos 2:39)

El pasaje anterior es extraordinario, toda la fraseología del texto de Romanos se deriva directamente, como reflexión teológica, del derramamiento del Espíritu Santo el día del Pentecostés. En Pentecostés como en Pablo, la justificación por la fe es fe en Jesucristo, por eso se debe invocar su nombre para el perdón de los pecados.

Ahora, bien, la manera de confesar e invocar con fe que Jesucristo es el Señor y que Dios le resucitó de entre los muertos en el Pentecostés, Pedro la explicó a la multitud que preguntó ¿qué haremos?: *"Pedro les dijo: Arrepentíos, y bautícese cada uno de vosotros en el nombre de Jesucristo para perdón de los pecados; y recibiréis el don del Espíritu Santo*[37] *"* (Hechos 2:38). Véalo en la siguiente tabla:

Jesucristo es el Señor	Hechos 2
Joel lo afirma, según la exégesis de Pedro	*21 y todo aquel que invocare* **el nombre del Señor**, *será salvo*
David lo afirma	25 porque **David dice de él:** ***Veía al Señor siempre delante de mí;*** *Porque está a mi diestra, no seré conmovido*
David lo dice nuevamente	34 porque **David** no subió a los cielos; pero **él mismo dice:** ***Dijo el Señor a mi Señor:*** *Siéntate a mi diestra,*
Dios lo dice	36 sepa, pues, ciertísimamente toda la casa de Israel, que **a este Jesús** a quien vosotros crucificasteis, **Dios le ha hecho Señor y Cristo.**
Pedro explica lo que debe hacer el creyente para confesarle como "el único Señor y Salvador"	38 Pedro les dijo: **Arrepentíos, y bautícese** cada uno de vosotros **en el nombre de Jesucristo para perdón de los pecados**; y recibiréis el don del Espíritu Santo
Pedro lo confiesa como "SEÑOR y DIOS"	39 porque para vosotros es la promesa, y para vuestros hijos, y para todos los que están lejos; para cuantos **el Señor nuestro Dios** llamare.

Así que, como podemos ver, el texto paulino: *"que, si confesares con tu boca que Jesús es el Señor, y creyeres en tu corazón que Dios le*

---

[37] Es hermoso ver el sermón de Pedro a partir de Hechos 2:21-41, la manera tan extraordinaria en que desarrolla la justificación y la salvación por la fe en el nombre de Jesucristo, la necesidad indispensable de invocarlo

levantó de los muertos, serás salvo", es fruto de la reflexión teológica del Pentecostés. La nueva revelación del nombre de Jehová en el Pentecostés no sólo consiste en la gran afirmación teológica que Jesucristo es el único salvador, sino que también en que es el único Señor. Pero ¿por qué es tan importante la invocación del nombre de Jesucristo para justificación y perdón de los pecados? Veámoslo a continuación en el siguiente inciso.

B. La invocación del nombre de Jesucristo es importante

En el idioma griego el verbo "invocar" **epikaleomai,** (ἐπικαλέομαι) significa, entre otras cosas, "dar derecho", "apelar" (Hch.7:59), "llamarlo en favor de uno mismo" (Hch.25:11), "invocar en reconocimiento de la autoridad de alguien" (Stg.2:7). Así, invocar era la palabra favorita, incluso cultural, desde el Antiguo Testamento, para pedir la intervención de Dios en la causa o necesidad que el creyente tenía. Era apelar a la autoridad de alguien para que se encargara de su problema legal y le diera una solución.

Ese fue el caso de Pablo cuando apeló al César para que se encargara de su asunto legal. A los cristianos se les conocía como aquellos que en "cualquier lugar invocan el nombre de nuestro Señor Jesucristo".

James D. G. Dunn, erudito profesor de Divinidades en el Departamento de Teología de la Universidad de Durham y

Profesor Emérito Lightfoot, atribuye a los primeros cristianos, como una de sus fórmulas cultuales más antiguas de adoración a Jesucristo, el invocar su nombre. Reconoce que Pablo es uno de ellos, y que la invocación del nombre de Jesús, proveniente del Antiguo Testamento, originalmente era la invocación del nombre de Jehová. De esta manera Dunn afirma que el culto que el pueblo de Israel le rendía a Jehová en el Antiguo Testamento, ahora la iglesia se lo rinde a Jesucristo.

> Por tanto, no sorprende que los LXX usen frecuentemente la frase *epikaleisthai tó ónoma kyríou* ("invocar el nombre del Señor") en el contexto de la oración. Lógicamente, el mismo uso vuelve a aparecer en el Nuevo Testamento cuando se trata de invocar a Dios. Sin embargo, resulta sorprendente cuando en varias ocasiones el destinatario de la "invocación" es el Señor Jesús, y aún más sorprendente es que los creyentes puedan denominarse sencillamente como "los que invocan el nombre del Señor Jesucristo" (1 Cor 1,2) Pablo atribuye el texto de Jl 3,5 (según la versión de los LXX) a Jesús: "Todo el que invoque el nombre del Señor se salvará" (Rom. 10,13), donde queda claro por el contexto que "el Señor" se refiere al Señor Jesús[38] (10,9)

Así, pues, todo lo que se pedía *"invocando el nombre de Jehová"*, en el Antiguo Testamento, ahora en el Nuevo Testamento se

---

[38] Dunn, James D. G. (2011) *¿Dieron culto a Jesús los primeros cristianos?* Estella (Navarra), España; Editorial Verbo Divino. Págs. 26-27. Para Dunn, el culto que el pueblo de Israel rendía al nombre de Yahvé, la iglesia ahora le rinde al nombre de Jesucristo. Y todo lo que el pueblo de Dios pedía invocando el nombre de Jehová, ahora lo hace invocando el nombre de Jesús. Sorprendente.

pide *"invocando el nombre de Jesús"*, incluyendo la salvación y el perdón de los pecados. Para Pablo, como para los demás apóstoles, invocar el nombre de Jehová es lo mismo que invocar el nombre de Jesús. El poder del nombre de Jehová es el mismo poder y autoridad que el nombre de Jesús. El nombre de Jesús tiene poder para perdonar los pecados, es rico para con todos los que le invocan, y debe ser predicada la gloria de su nombre a todas las naciones. Véalo a continuación.

1. Frases vv.9-10: **"si confesares con tu boca que Jesús es el Señor"; "creyeres en tu corazón que Dios le levantó de los muertos, serás salvo", "con la boca se confiesa para salvación";** compárelo con el sermón de Pedro en Hechos 2:21-41, donde establece que se debe invocar el nombre del Señor para ser salvo y afirma que ese Señor es Jesucristo, quien fue resucitado de entre los muertos.

2. Frases del v.12: **"el mismo que es Señor de todos, es rico para con todos los que le invocan".** En este aspecto, la comprensión de Pablo sobre Jesús, como rico en gracia salvífica para con todos, y que su nombre es eficaz para perdonar pecados, tanto a judíos como a gentiles, tiene también su comparativo en los términos utilizados por Pedro en Hechos 2:21,38-41, donde afirma que la salvación es para "todo aquel que invocare el nombre del Señor", y que esta promesa es "para cuantos el Señor nuestro Dios llamare". No obstante, es innegable que el pensamiento de Pablo en este aspecto era mucho más profundo que el de Pedro, en cuanto al entendimiento de

que la oferta salvífica en la invocación del nombre de Jesús era de carácter totalmente universal.

3. Frases vv. 13-14: **"porque todo aquel que invocare el nombre del Señor, será salvo", "Cómo, pues, invocarán", "cómo creerán", "¿Y cómo oirán si no hay quién les predique?".** Compare con Hechos 2:21,38, y podrá observar que son afirmaciones cristológicas, que en el día del Pentecostés, Pedro dijo que quienes se arrepentían y se bautizaban debían hacerlo invocando el nombre de Jesucristo para el perdón de sus pecados. Indudablemente, la revelación del Pentecostés le aportó a Pablo la idea cristológica de que la **"invocación del nombre de Jesucristo",** con fe en su muerte y resurrección, era absolutamente indispensable para el perdón de los pecados y la salvación.

Así, pues, visto a la luz de estas ideas, el bautismo no es, ni debe ser otra cosa, que un acto de arrepentimiento, invocación y fe en el nombre de Jesucristo para salvación y perdón de los pecados, confesándolo como el Señor. Es, también, un acto de fe, invocación y confesión de que **Jesucristo es el Señor, y Dios lo levantó de los muertos.** Por eso, la preocupación de Pablo era que se debía predicar este evangelio a todas las naciones cuanto antes, para que todos tuvieran la oportunidad de oír de él, creer e invocarlo para Salvación, confesándolo como el Señor.

El mismo García Cordero, teólogo español muy reconocido, señala con toda claridad la relación existente entre Joel 2:28-

32, Hechos 2:21-41 y Romanos 10:9-13, con las siguientes palabras:

> Las condiciones que Pedro propone a los bien dispuestos, que preguntan qué deben hacer, son el "arrepentimiento" y la "recepción del bautismo en nombre de Jesucristo" (v.38). Con ello conseguirán la "salud" (cf. 2:21.47; 4:12; 11:14; 13:26; 15:11; 16:17.30-31), la cual incluye la "remisión de los pecados" y el "don del Espíritu" (v.38) o, en frase equivalente de otro lugar, la "remisión de los pecados y la herencia entre los santificados" (26:18). Ese "don del Espíritu" no es otro que el tantas veces anunciado por los profetas en el Antiguo Testamento (cf. Jer 31:33; Ez 36:27; Jl 3:1-2) y prometido por Cristo en el Evangelio (cf. Lc 12:12; 24:49; Jn 14:26; 16:13), don que solía exteriorizarse con los carismas de *glosolalia* y milagros (cf. 2:4; 8:17-19; 10:45-46; 19:5-6), pero que suponía una gracia interior más permanente que, aunque no se especifica, parece consistía, como se desprende del conjunto de las narraciones, en una fuerza y sabiduría sobrenaturales que capacitaban al bautizado para ser testigo de Cristo (cf. 1:8; 2:14-36; 4:33; 5:32; 6:10; 11:17)[39].

Como objeto esencial de la confesión de fe cristiana señala San Pablo el "señorío" de Cristo (v.9). De

---

[39] García Cordero, 1967, *Biblia Comentada por los Profesores de Salamanca*, p. 4597. [Son ocho tomos recopilados en una sola obra]

este título de "Señor" dado a Cristo, símbolo y compendio de todas sus prerrogativas, ya hablamos al comentar Hec_2:21-36 y 11:20-24. En los v. 11-13, el Apóstol trata de confirmar con textos de la Escritura esta su afirmación de que basta la fe en Cristo-Señor para conseguir la salud, lo mismo tratándose de judíos que de gentiles. Los textos en que se apoya son uno de Isaías (Isa_29:16), citado ya anteriormente en 9:33, y otro de Joel (Joel 2:32), citado también por San Pedro en su discurso de Pentecostés (Hech 2:21). *Aunque los textos se refieren directamente a Yahvé, los apóstoles no tienen inconveniente en aplicarlos a Jesucristo*, a base de esa noción de sentido "pleno" que ya explicamos al comentar 9:33 y Hech 2:21[40].

Así, pues, para Pablo, el bautismo es el acto de fe en el cual el creyente invoca el nombre de Jesucristo porque confiesa, de esa manera, que sólo la gracia salvífica de Dios manifestada en la muerte y resurrección de Jesús puede ofrecerle perdón de pecados. El bautismo en el nombre de Jesucristo es la renuncia a todo mérito humano como medio de salvación. Más bien, es acudir a los méritos de Jesucristo, es acudir a su autoridad invocando su nombre, a fin de que intervenga en nuestra vida a nuestro favor. El bautismo en el nombre de Jesucristo

---

[40] Ibidem (1967), Tomo 6, P. 4842 (énfasis mío). No existe ninguna duda que Romanos 10:9ss, es exégesis de lo sucedido el día del Pentecostés, presentando a Cristo como Señor y Salvador, y representa la nueva exégesis del **Shemá** que afirma "Oye Israel: Jehová nuestro Dios, Jehová uno es" (Dt.6:4; RV60). Así, la nueva exégesis del Shemá es la afirmación teológica que "Jesucristo es el Señor" revelada el día del Pentecostés.

es reconocimiento de que la salvación se encuentra sólo en Jesús, y no en nuestras obras. Es declarar por fe que: "nadie puede poner otro fundamento que el que está puesto, el cual es Jesucristo" (1 Corintios 3:11), como lo dijera Pablo a la iglesia de Corintio.

C. En el bautismo el papel del Espíritu Santo es decisivo

Ahora, bien, ¿cómo entendió Pablo el papel del Espíritu Santo en el bautismo en el nombre de Jesucristo? Ya vimos su comprensión de la importancia de la invocación del nombre de Jesús en el bautismo, como también para la sanidad, el echar fuera demonios, para las obras prodigiosas, para recibir el Espíritu Santo con las nuevas lenguas, etc. Pero, nos falta ver cómo entendió el papel del Espíritu Santo en la invocación del nombre de Jesús en el bautismo. Por lo pronto ya vimos que para él no hay duda, el bautismo debe ser invocando el nombre de Jesucristo[41].

Sin duda alguna, para Pablo, el bautismo en el nombre de Jesucristo era un tema importante, y existen una serie de pasajes donde Pablo habla del bautismo, dándole una profunda seriedad teológica a su comprensión, análisis y enseñanza. Sin embargo, existe un texto muy especial y poco examinado, donde Pablo asegura que el mismo Espíritu Santo desempeña un

---

[41] Para ampliar más la idea del bautismo en el nombre de Jesucristo en la teología de Pablo, vea las siguientes citas bíblicas: Hechos 19:1-7; Romanos 6:1-4; Gálatas 3:27; 1 Corintios 6:11. En todos estos pasajes afirma, sin tener lugar a dudas, que el bautismo debe ser invocando el nombre de Jesucristo.

papel importante en el bautismo en el nombre de Jesucristo, este pasaje es 1 Corintios 6:11:

*"Y esto erais algunos; mas **ya habéis sido lavados**, ya habéis sido santificados, ya habéis sido justificados en el nombre del Señor Jesús, y por **el Espíritu de nuestro Dios**"*

Extraordinario, Pablo conecta el bautismo con la misma obra del Espíritu Santo. Él les asegura que ellos como creyentes han sido **lavados, santificados y justificados.** El verbo griego **"ἀπολούω"** (apolúo)**,** "lavar", fue utilizado precisamente por Ananías con el mismo apóstol Pablo cuando oró por él y recibió la sanidad de sus ojos, Pablo dice que en esa oración se le cayeron de los ojos como escamas, recibió el Espíritu Santo, y luego Ananías le dijo:

*"Ahora, pues, ¿por qué te detienes? Levántate y bautízate, y **lava tus pecados, invocando su nombre"*** (Hechos 22:16)

En virtud de lo anterior, todo indica que Pablo empezó valorando el bautismo en el nombre de Jesucristo, para el perdón de los pecados, por la experiencia personal. Luego, se observa que reflexionó sobre el papel del Espíritu Santo en el bautismo, en la justificación y santificación del creyente, conectada con las ideas teológicas del Pentecostés.

Comentando el texto de 1 Corintios 6:11, García Cordero dice lo siguiente:

Termina el Apóstol haciendo resaltar la grandeza a que nos eleva el bautismo (v.11). Ninguna consideración mejor para mover a los corintios a que no se dejen dominar de nuevo por los vicios de su anterior vida de paganos. Los tres verbos: "habéis sido lavados, santificados, justificados," no son sino expresiones de la misma idea de justificación cristiana recibida en el bautismo, mirada bajo diversos aspectos[42] (cf. Tit 3:5; Efe 2:5; Rom 3:26)

El mismo tema del bautismo conectado con el nombre de Jesucristo, su fundamento en la muerte y resurrección de Jesucristo, y como fruto del poder regenerador del Espíritu Santo, fue tema de preocupación y análisis de teólogos importantes, como es el caso del teólogo alemán Oscar Cullmann. Algunas de sus opiniones al respecto son las siguientes:

> "Eso es lo que evidencia este célebre capítulo, en el cual Pablo muestra que *por nuestro bautismo participamos en la muerte y en la resurrección de Cristo5*. Cada uno participa ahí de ese perdón de los pecados que Jesús ha obtenido, de una vez por todas, muriendo en la cruz"

---

[42] García Cordero, Maximiliano (1967). Op., Cit., Pág. 4912. García Cordero no tiene ninguna duda, el bautismo está conectado con el lavamiento y el perdón de los pecados, por la invocación del nombre de Jesucristo y el poder del Espíritu Santo.

"El acto externo del bautismo de agua toma así su sentido por los *dos* efectos del bautismo cristiano. Una ligazón nueva es establecida entre el acto externo del perdón de los pecados. Aquél no es ya solamente el baño, la ablución que limpia, sino la inmersión en cuanto tal, porque en ese momento, el bautizado es «sepultado con Cristo» (v. 4). Resucita cuando sale del agua6. Gracias a este solo acto los dos efectos del bautismo se vuelven inseparables, puesto que ser sepultado con Cristo significa el perdón de los pecados, mientras que resucitar con él quiere decir «vivir una vida nueva» (v. 4), es decir vivir según el Espíritu (Gal 5,16). Los dos efectos del bautismo están así ligados tan indisolublemente como la muerte y la resurrección de Cristo[43]"

Magistral la exposición de Oscar Cullmann. Así, pues, en la comprensión paulina, tanto el poder y la autoridad del nombre de Jesucristo para perdonar pecados, como el poder regenerador del Espíritu Santo, aparecen relacionados con aquellos que se bautizan, y reciben la justificación y santificación de sus vidas. Por esta razón, en los versículos siguientes (vv.12-20), Pablo exhorta a los creyentes de Corinto a glorificar a Dios en sus cuerpos, huyendo de la fornicación, pues ahora, por el poder del nombre de Jesucristo y la obra regeneradora del Espíritu, sus cuerpos mismos son templo del Espíritu Santo:

---

[43] Cullmann, Oscar (1972). *Del Evangelio a la Formación de la Teología Cristiana".* Salamanca: Ediciones Sígueme. Pags. 157-158.

"¿O ignoráis que vuestro cuerpo es templo del Espíritu Santo, el cual está en vosotros, el cual tenéis de Dios, y que no sois vuestros?" (1 Corintios 6:19)

Que lo anterior está claramente alimentado por la revelación acontecida en el derramamiento del Espíritu Santo el día del Pentecostés; por supuesto que sí. De hecho, la experiencia personal de Pablo, de recibir la llenura del Espíritu Santo cuando Ananías oró por él, es una experiencia pentecostal que lo hizo reflexionar sobre el papel del Espíritu, en la invocación del nombre de Jesús, del perdón de los pecados, del arrepentimiento, del bautismo y de la regeneración de una nueva mente y un nuevo corazón. Vea todo lo hemos mencionado anteriormente en el siguiente:

El Espíritu Santo conectado con el poder del evangelio, la regeneración, justificación, invocación del nombre, arrepentimiento y bautismo	Texto pentecostal que lo fundamenta
Predicación del evangelio	*Sepa, pues, ciertísimamente toda la casa de Israel, que a este Jesús a quien vosotros crucificasteis, Dios le ha hecho Señor y Cristo*
Obra regeneradora del Espíritu Santo (El toque del Espíritu en el corazón de la multitud, al oír la palabra)	*Al oír esto, **se compungieron de corazón**, y dijeron a Pedro y a los otros apóstoles: Varones hermanos, ¿qué haremos?*
La justificación por la fe en el nombre de Jesucristo: el perdón de los pecados (El toque del Espíritu mueve a la multitud a dar todos estos pasos de fe	*Pedro les dijo: **Arrepentíos, y bautícese** cada uno de vosotros **en el nombre de Jesucristo para perdón de los pecados**; y recibiréis el don del Espíritu Santo*

en Jesucristo para el perdón de los pecados).	

Con justa razón decía Pablo en la carta a los Romanos, en palabras que evocan con toda claridad, toda la teología del Evangelio de Jesucristo predicada el día del Pentecostés:

> *"Porque no me avergüenzo del* **evangelio,** *porque* **es poder de Dios para salvación** *a* **todo aquel que cree;** *al judío, primeramente, y también al griego. Porque* **en el evangelio la justicia de Dios se revela por fe y para fe,** *como está escrito: Mas el justo por la fe vivirá"* (Romanos 1:16-17; *énfasis mío*)

Todo el evangelio predicado en el Pentecostés aparece aquí en este pequeño pasaje paulino, clave de toda la carta a los Romanos. Aunque Pablo exalta el papel de la fe en la justificación, eso no niega que también haya exaltado la importancia decisiva del nombre de Jesucristo para el perdón de los pecados, como ya lo vimos en un pasaje mismo de esta carta (10:9-13), tampoco niega ninguno de los otros aspectos del proceso de la salvación que ya explicamos.

Así, pues, la fe es fruto de la gracia regeneradora del Espíritu Santo que mueve al creyente a reconocer en Cristo el verdadero fundamento de la salvación. Por eso se arrepiente y bautiza en el nombre de Jesucristo, para declarar de esta manera, que nuestras obras no nos salvan, sólo la gracia salvífica de Dios acontecida en la muerte y resurrección de Jesucristo, su sangre preciosa nos limpia de todo pecado.

D. El bautismo tiene su base en el Antiguo Testamento

Ahora, bien, ¿sólo del Pentecostés se nutrió Pablo y de su experiencia, para entender el bautismo en el nombre de Jesucristo? Por supuesto, esto no niega la revelación de la cual gozó para haber comprendido a mayor profundidad, que los demás apóstoles, toda esta teología neotestamentaria. Pero, también, al mismo tiempo, se puede ver en Pablo que además desarrolló una profunda reflexión bíblica de las Escrituras hebreas, nuestro Antiguo Testamento.

De hecho, Pablo observa que al mismo pueblo de Israel le fue necesario pasar por un evento salvífico que él lo califica como bautismo: el cruce del Mar Rojo. Él lo explica de la siguiente forma:

> *Porque no quiero, hermanos, que ignoréis que nuestros padres todos estuvieron bajo la nube, y todos pasaron el mar; y todos en Moisés **fueron bautizados en la nube y en el mar*** (1 Corintios 10:1-2; *énfasis mío*)

Por supuesto, Pablo sabe que la eficacia salvífica no estaba en el agua *per se*, es decir, por sí misma, sino en la presencia de Dios manifestada en la nube, que los acompañaba al cruzar por en medio del agua, haciendo eficaz y milagrosa la salvación de Israel, liberándolos del dominio del ejército de Faraón. Así fue como les dio una salvación extraordinaria que nada tenía que ver con sus fuerzas, ni méritos, sino con el poder salvífico de Dios y su misericordia para con su pueblo, que creía en Él y en su nombre.

García Cordero (1967) comenta este pasaje de Pablo de la siguiente manera:

> Por eso habla de "ser bautizados en Moisés en la nube y en el mar"
> καὶ πάντες εἰς τὸν μωϋσῆν ἐβαπτίσαντο ἐν τῇ νεφέλῃ καὶ ἐν τῇ θαλάσσῃ v.2), presentando esos dos hechos de estar bajo la nube y atravesar el mar cual si estuviesen insinuando el bautismo cristiano en sus dos elementos esenciales: el Espíritu Santo y el agua. Guiados por la nube, signo de la presencia y protección de Yahvé, y atravesando el mar, que los liberaba del dominio del faraón, los israelitas quedaron vinculados a Moisés, el caudillo elegido por Dios para mediador de la alianza que pensaba establecer (cf. Exo. 19:3-8), lo mismo que por el bautismo los cristianos quedamos, aunque en más alto grado, vinculados a Cristo, el mediador de la nueva alianza[44]

Extraordinario, verdad. Aún en el Sinaí, en la liberación de Egipto, los apóstoles vieron el bautismo que da gloria al

---

[44] García, Maximiliano, 1967, Op. Cit., p. 4925 Es indudable que el bautismo invocando el nombre de Jesucristo fue visto como un acto de fe en la sangre del pacto derramada en la cruz del calvario por Jesús que nos libra del dominio de pecado, para servir a Dios victoriosamente.

nombre sobre todo nombre, al nombre de Yahvé. La eficacia salvífica del cruce se debió a la presencia de Dios manifestada visiblemente en la nube, que llevó y acompañó a Israel a pasar en seco por el Mar Rojo para gloria de su nombre. La salvación de Israel no había sido por sus méritos, sino un acto de la gracia de Dios y de la revelación de su nombre sobre todo nombre, para enseguida establecer su pacto con él.

Este concepto teológico del cruce del Mar Rojo fue desarrollado en forma extraordinaria por Isaías III. Él vio la intervención del Espíritu de Yahvé en todo el cruce del Mar, obrando una salvación gloriosa, que le daba renombre y gloria a Él, en todos los pueblos de la tierra. Isaías III plasmó esta idea teológica en el siguiente pasaje:

> *11 Pero se acordó de los días antiguos, de Moisés y de su pueblo, diciendo: ¿Dónde está el que los hizo subir del mar con el pastor de su rebaño? ¿dónde el que **puso en medio de él su santo espíritu,** el que los guio por la diestra de Moisés con el brazo de su gloria, **el que dividió las aguas delante de ellos, haciéndose así nombre perpetuo,** 13 el que los condujo por los abismos, como un caballo por el desierto, sin que tropezaran? 14 **El Espíritu de Jehová los pastoreó,** como a una bestia que desciende al valle; así pastoreaste a tu pueblo, **para hacerte nombre glorioso.** (Isaías 63:11-14; énfasis mío)*

Isaías III vio así, en el cruce del Mar Rojo, la evidencia de que la liberación de Israel se había debido a la gracia, poder y misericordia salvífica de Dios, y no a los méritos de Israel, teniendo como propósito central la revelación de la divinidad absoluta de Yahvé y la gloria de su nombre. El Espíritu De Yahvé, su santo Espíritu, siempre estuvo presente acompañando a su pueblo, de principio a fin, en uno de los actos salvíficos por excelencia del pueblo de Israel: el cruce del Mar Rojo.

Así, es claro, por todo lo anterior, que para Pablo el bautismo era más que un simple rito hueco y vacío de la presencia de Dios, sino todo lo contrario, él ve la gracia de Dios conectada con el bautismo por la fe, arrepentimiento e invocación del nombre de Jesucristo acontecido ahí. También ve el bautismo en el nombre de Jesucristo como un acto conectado con el lavamiento de los pecados del creyente, por el poder del Espíritu Santo, que al igual que en Pentecostés, ha compungido los corazones de los creyentes y genera como fruto la fe, el arrepentimiento, el bautismo y la invocación del nombre de Jesucristo para el perdón de los pecados (1 Corintios 6:11; 10:1-2). Sobre el simbolismo del agua, señala Oscar Cullmann:

> El agua en el cuarto evangelio (como en Qumran) es frecuentemente símbolo del Espíritu y ciertamente tiene también una relación con el bautismo. Es en el Espíritu en el que se manifiesta la presencia divina[45].

---

[45] Cullmann, Oscar. *Del Evangelio...*Pag. 61.

E. Toda rodilla se doblará y toda lengua confesará que Jesucristo es el Señor

En mi punto de vista exegético, el pasaje de la Carta a los Filipenses 2:6-11, representa uno de los pasajes más extraordinarios del Nuevo Testamento. No sólo desarrolla una cristología maravillosa del nombre de Jesús, que se nutre de la revelación del nombre acontecida en el Pentecostés, sino que ahora Pablo afirma que la adoración rendida a Jehová en el Antiguo Testamento debe ser ahora tributada a Jesucristo.

Así, Pablo, de un énfasis soteriológico del nombre de Jesús, pasa a una afirmación cristológica que explica la identidad divina manifestada en Jesús, consecuencia teológica de las afirmaciones de que Jesús es el nombre sobre todo nombre. Así, pues, mostraremos la hermosa conexión teológica que tiene este pasaje con la cristología desarrollada el día del Pentecostés, en el sermón de Pedro.

Por principio de cuentas, es necesario aclarar que este pasaje es considerado como uno de los cuatro pasajes cristológicos más importantes del Nuevo Testamento. El análisis de él, hecho por muchos estudiosos de la Biblia, afirma que este pasaje, literariamente hablando, es un himno cristológico, que posee dos figuras literarias muy especiales llamadas "Catábasis" y "Anábasis", que de manera respectiva significan "bajada" y "subida".

Así, la figura literaria **catábasis**, contenida en los versículos 6-8 de este himno, nos explica la humillación de Cristo en siete escalones que lo llevan desde lo más alto de su honor, al escándalo de la cruz[46]. La **anábasis** nos mostrará, enseguida de la catábasis, otros siete escalones de Cristo, pero, de exaltación.

Veamos a continuación en un esquema descendente y ascendente en una tabla, estas dos figuras literarias de este pasaje, para tratar de comprender más profundamente lo que nos enseña sobre la identidad divina de Jesucristo:

Los siete escalones de la humillación, la **catábasis**, llevan a Cristo a tocar fondo en cuanto al rechazo que sufrió, reprobación, afrenta, dolor y burla de su nombre, cuando estaba colgado en la cruz, y su muerte de cruz. Pero, los siete escalones de la exaltación llevan a Cristo hasta lo más alto, al grado tal que se demanda que toda lengua (idioma) confiese que **"Jesucristo es el Señor"**, de tal forma, que el texto asegura que, dándole gloria al nombre de Jesucristo, *reconociéndole, confesándole, invocándole y adorándole* como **"el Señor"**, se le da gloria al Padre mismo.

Catábasis: Filipenses 2:6-8	Anábasis: Filipenses 2:9-11	

---

[46] Cullmann, Oscar (1968). *Cristo y el tiempo*. Barcelona: Editorial Estela. Págs.108ss.

132

Humillación de Cristo		Exaltación de Cristo	
El cual siendo en forma de Dios, No estimó el ser igual a Dios como cosa a que aferrarse,	1	para gloria de Dios Padre	
sino que se despojó a sí mismo,	2	Y toda lengua confiese que Jesucristo es el Señor,	
tomando forma de siervo,	3	y debajo de la tierra;	
hecho semejante a los hombres;	4	y en la tierra,	
y estando en la condición de hombre, se humilló a sí mismo	5	para que en el nombre de Jesús se doble toda rodilla de los que están en los cielos,	
haciéndose obediente hasta la muerte,	6	y le dio un nombre que es sobre todo nombre,	
y muerte de cruz.	7	Por lo cual Dios también lo exaltó hasta lo sumo,	

Una revisión sencilla de (Hechos 2:16-41). nos mostrará con toda claridad el mismo esquema cristológico de humillación – exaltación de Jesús. Sólo que Pedro lo desarrollará como un sermón que busca demostrar que el Jesús reprobado, crucificado y muerto (vv.22-23), Dios lo resucitó, como lo profetizó por boca de David (vv.24-32), y también lo exaltó hasta lo sumo, haciéndole Señor y Cristo, sentándole a su diestra, poniendo a sus enemigos debajo de sus pies, y él posee el nombre que debe ser invocado para el perdón de los pecados (v.38), y como Señor y Dios (v.39) quiere llamar a todo ser humano a que reciban esta promesa del perdón y el don del Espíritu Santo, por medio de la predicación de la palabra.

Toda la profecía dicha por Joel, Jeremías y Ezequiel acerca de la nueva revelación del nombre de Jehová, de su glorioso nombre, de su **"Shem gadol"**, el más excelente, alto y sublime nombre, quedaba ahora comprendido por todos los apóstoles: Jesucristo es ese nombre sobre todo nombre, el más excelente y más alto nombre, de tal forma, que en ningún otro hay salvación, no hay otro nombre bajo del cielo, dado a los hombres, en cual podamos ser salvos.

Así, pues, en la cristología paulina del nombre de Jesús, podemos descubrir que la revelación del nombre es clave para entender dos cosas esenciales sobre Jesucristo: su suprema **autoridad** para el perdón de los pecados y la salvación, pero, también, su total y absoluta **identidad divina**: "Jesucristo es el Señor". Por lo tanto, toda rodilla se debe doblar ante él (rendirle culto, glorificarlo, exaltarlo, alabarlo, etc.), y toda lengua e idioma debe confesar, que **Jesucristo es el Señor, para gloria de Dios Padre.**

La adoración que únicamente debía recibir Yahvé (Jehová), según la teología de todo el Antiguo Testamento, a partir del Pentecostés, en la cristología de los doce y en la de Pablo, es la adoración que se le debe dar a Jesucristo en todos los idiomas de la tierra, para restaurar la gloria que le pertenece a su excelso nombre en todas las naciones, el cual había sido blasfemado.

PENTECOSTÉS EN LAS PROMESAS HECHAS A ABRAHAM

Sin duda alguna, en la teología bíblica y paulina, Abraham es importante en los planes salvíficos de Dios, para Israel mismo, y para toda la humanidad. Las promesas hechas a Abraham implican todo un paquete de bendiciones que, durante cerca de cuatro mil años, desde que Abraham vivió, se han cumplido, y se siguen cumpliendo hasta la actualidad.

Así, pues, nuestra tesis para este capítulo es que en las promesas que Dios hizo a Abraham, estas ya contenían un plan divino, para que gran parte de ellas empezarían a hacerse realidad, no sólo con la muerte y resurrección de Jesucristo, sino también con el derramamiento del Espíritu Santo el día del Pentecostés[47].

A. Las promesas a Abraham tenían en germen la herencia del Espíritu.

Pablo hace una magistral interpretación sobre las promesas de Abraham en su carta dirigida a los Gálatas. Los judaizantes habían engañado a muchos de los Gálatas a buscar ser **herederos de las promesas de Abraham,** a través de guardar la ley, entre ellas, la circuncisión. Pablo les explica que están equivocados. Ellos se habían constituido en herederos de las promesas de Abraham por medio del Espíritu, el cual habían recibido por el oír con fe, sin las obras de la ley.

Así, pues, las palabras textuales de Pablo fueron las siguientes:
"Esto solo quiero saber de vosotros: ¿Recibisteis el Espíritu por las obras de la ley, o por el oír con fe?" (Gal.3:2)

En vista de lo anterior, podemos observar que la forma correcta de llegar a ser heredero de todas las promesas que Dios le había dado a Abraham era a través de recibir el Espíritu Santo por el oír por fe[48]. Aún, más, en la teología de Pablo,

---

[47] Aubin, Paul. *El Bautismo ¿Iniciativa de Dios o compromiso del hombre?* Bilbao, España; Editorial Sal Terrae. Págs. 11-32. Capítulo titulado "Hijos de la promesa". Excelente aporte que demuestra que la promesa del Espíritu Santo es parte de las promesas hechas a Abraham.
[48] Esta idea teológica de Pablo que no me había tocado observar, la desarrolla de manera extraordinaria William Hendriksen. Para más información de su análisis de cómo

Abraham mismo se había constituido en heredero de las promesas de Dios, precisamente, porque a las promesas que Jehová le dio "... Abraham **creyó** a Dios, y le fue contado por justicia" (Gal.3:6; cf. Gn.15:6). La fe había hecho a Abraham heredero de las promesas que Jehová le había dado, no las obras de la ley. Así también con los Gálatas, el oír con fe, los había hecho herederos de las promesas de Dios hechas a Abraham, entre ellas, la promesa del Espíritu[49].

B. La obra regeneradora del Espíritu Santo le fue prometida a Abraham, para alcanzar a las naciones con la justificación por la fe

En el contexto bíblico, incluso, tanto del Antiguo Testamento como del Nuevo, el Espíritu Santo es quien produce una nueva mente y un nuevo corazón, que capacita a la persona para la fe en Jesucristo para el perdón de los pecados, como también para el arrepentimiento y una vida nueva de obediencia a Dios. En suma, la obra regeneradora del Espíritu Santo produce la fe en Jesucristo para la **justificación** de los pecados.

Basta recordar la profecía de Ezequiel y Jeremías para reconocer que, desde el Antiguo Testamento, ya se había entendido la necesidad indispensable de la efusión del Espíritu de Jehová en el interior de su pueblo, para poder plantar en ellos un

---

está conectado el Espíritu Santo con las promesas de Abraham consulte su obra: Hendriksen, William. *"Comentario al Nuevo Testamento: Gálatas"*. Grand Rapids, Michigan; Editorial Libros Desafío. Págs. 78-106.
[49] *Ibíd.*

nuevo corazón y una nueva mente (Jr.31:31-34; Ez.36:26-29); aunque ellos no utilizan los términos regeneración y justificación, pero las ideas equivalen teológicamente a esas obras del Espíritu.

Ahora bien, la visión profética de ellos no había llegado a la comprensión teológica que este nuevo pacto incluiría a los gentiles, y que la efusión del Espíritu de Jehová se convertiría en poder regenerador que permitiría a todas las naciones ser parte de las promesas de Dios dadas a Abraham, para que se cumpliera: "en ti serán benditas todas las familias de la tierra" (Génesis 12:3)

Según la Escritura, Abraham experimentó una fe en Dios que le fue contada por justicia. Para Pablo, esto tenía una gran revelación. El camino con el cual Abraham accedió a la justicia a la justicia de Dios y a sus bendiciones era programático, Dios estaba revelando previamente el camino en que, tanto judíos y gentiles, habríamos de alcanzar la bendición ahora: la justificación por la fe.

Sin embargo, Pablo asegura que la revelación y promesa en Abraham de la justificación por la fe, para que todas las naciones alcanzaran de esa manera la bendición, contenía implícitamente la promesa del Espíritu Santo. El apóstol de los gentiles lo saca a relucir cuando le dice las siguientes palabras a los Gálatas:

*"Y la Escritura, **previendo que Dios había de justificar por la fe a los gentiles,** dio de antemano la buena nueva a Abraham, diciendo: En ti serán benditas todas las naciones"* (Gálatas 3:8; RV60)

Dios tenía previsto en sus planes que la forma de bendecir a las naciones sería a través de la justificación por la fe, por lo tanto, Jehová también previó la necesidad del derramamiento de su Espíritu, a fin de que la obra regeneradora de su Espíritu produjera la fe que hiciese alcanzar a los gentiles las promesas de bendición dichas a Abraham: la justificación, el perdón de los pecados.

Que así pensaba Pablo, obsérvelo usted mismo en el siguiente pasaje:

*"para que en Cristo Jesús **la bendición de Abraham alcanzase a los gentiles,** a fin de que **por la fe recibiésemos la promesa del Espíritu"*** (Gal.3:14).

Así, una vez que les muestra que el acceso a las bendiciones de Dios es la fe, y que esta fe es fruto del Espíritu, no queda otra conclusión, sino la siguiente: **la herencia del Espíritu** fue dada para que tanto judíos y gentiles alcanzarán la salvación, la promesa universal de bendición que le fue dada a Abraham, la cual decía: "En tu simiente *serán benditas todas las naciones de la tierra"* (Gn.22:18)

C. El derramamiento del Espíritu Santo el día del Pentecostés y las promesas que Dios dio a Abraham

La herencia del Espíritu y su efusión dentro del corazón de las personas eran aspectos indispensables, para que la justificación por la fe hiciera posible que todas las naciones bajo el cielo alcanzarán el perdón de los pecados, según los planes de Dios revelados a Abraham.

En este sentido, no es casualidad que el derramamiento del Espíritu Santo el día del Pentecostés, acontezca reuniendo a "gente de todas las naciones bajo el cielo". Observe nuevamente este énfasis teológico de la narrativa de Lucas:

*"Y fueron todos llenos del Espíritu Santo, y comenzaron a hablar en otras lenguas, según el Espíritu les daba que hablasen. **Moraban entonces en Jerusalén** judíos, varones piadosos, **de todas las naciones bajo el cielo**. Y hecho este estruendo, se juntó la multitud; y estaban confusos, porque cada uno les oía hablar en su propia lengua. Y estaban atónitos y maravillados, diciendo: Mirad, ¿no son galileos todos estos que hablan? ¿Cómo, pues, les oímos nosotros hablar cada uno en nuestra lengua en la que hemos nacido? Partos, medos, elamitas, y los que habitamos en Mesopotamia, en Judea, en Capadocia, en el Ponto y en Asia, en Frigia y Panfilia, en Egipto y en las regiones de África más allá de Cirene, y romanos aquí residentes, tanto judíos como prosélitos, cretenses y árabes, les oímos hablar en*

nuestras lenguas las maravillas de Dios. Y estaban todos atónitos y perplejos, diciéndose unos a otros: ¿Qué quiere decir esto?" (Hechos 2:4-12; RV60)

Es a gente de todas las naciones bajo el cielo a quienes les predica Pedro. Son gentes de todas las naciones bajo el cielo los que oyen en su propia lengua (idioma) hablar a los que hablan en lenguas que el Espíritu Santo les da que hablen. Todas estas gentes de todas las naciones oyen el sermón, son compungidos de corazón, creen, se arrepienten y se bautizan invocando el nombre de Jesucristo. La regeneración del Espíritu Santo se hace presente, produce la fe, el arrepentimiento y el bautismo en el nombre de Jesucristo.

¿Quién no va a ver en todo esto la justificación por la fe anunciada a Abraham por Jehová mismo? ¿Cómo no ver en todo esto, la promesa que Dios le dio a Abraham de alcanzar de manera universal con su proyecto de salvación a todos los gentiles? ¿Cómo no ver que Jehová había previsto el derramamiento del Espíritu Santo para alcanzar a los gentiles por medio de la fe y la obra regeneradora del Espíritu Santo para salvación como lo hizo con Abraham?

Pablo lo vio así, y lo desarrolló teológicamente: *"Ahora bien, **a Abraham fueron hechas las promesas, y a su simiente**. No dice: Y a las simientes, como si hablase de muchos, sino como de uno: Y a tu simiente, la cual es Cristo"* (Gal.3:16).

Por todo lo anterior, sin duda alguna, Cristo fue el tema central del sermón de Pedro, pero, también, por todo el trasfondo de la justificación por la fe prometida a Abraham, fue derramado el Espíritu Santo para cumplir con la obra regeneradora y justificación por la fe, que hicieron que las multitudes de todas las naciones bajo el cielo[50], tres mil de ellos, como primicias de la gran cosecha que habría de venir en toda la tierra, alcanzaran ya la bendición prometida a Abraham, el perdón de los pecados.

Para Pablo, en Abraham (en el creyente Abraham) Jehová había revelado el camino que brinda al ser humano el acceso a las bendiciones de Dios, acceso que sólo se logra por la fe en su palabra. Pero, para tener esa fe se necesita recibir el Espíritu Santo, quien es el que produce esa fe en el corazón y la mente de la persona. Sólo de esta manera, la bendición dada a Abraham alcanzará a todas las naciones de la tierra (los gentiles).

Dios previó esa necesidad indispensable de su Espíritu en el interior de su pueblo para la justificación por la fe, desde la misma promesa dada a Abraham. y lo prometió implícitamente al planear la salvación de los gentiles por medio la fe, pues esta fe no puede ser fruto o esfuerzo del hombre, sino

---

[50] Por supuesto, sabemos que esos tres mil eran judíos piadosos en su mayoría que habían nacido en otras naciones a donde habían sido dispersados, pero es claro que Lucas le da un sentido teológico muy importante, ahí ve ya la universalidad de la iglesia, por eso lo menciona tan detalladamente, de tal forma que convierte a toda esa multitud en protagonista del evento, por lo cual enfatiza: "Así que, los que recibieron su palabra fueron bautizados; y se añadieron aquel día como tres mil personas" (Hechos 2:41).

fruto del Espíritu Santo. Pablo lo explica así con las siguientes palabras a los Gálatas:

"para que **en Cristo Jesús la bendición de Abraham alcanzase a los gentiles,** *a fin de que* **por la fe recibiésemos la promesa del Espíritu"** (Gal.3:14).

En suma: **la herencia del Espíritu Santo** nos viene como parte de las promesas de Dios hechas a Abraham, como un elemento indispensable de la gracia de Dios, para lograr que la bendición del perdón de los pecados y la nueva vida en Cristo alcance a todos los gentiles.

D. La simiente de Abraham

En este capítulo queremos acentuar la promesa que Dios había dado a Abraham referente a su simiente, la cual decía: *"**En tu simiente** serán benditas todas las naciones*[51] *de la tierra"* (Gn.22:18; RV.60).

Pablo afirmó sin tener lugar a dudas que esa simiente en realidad era Cristo. Por lo tanto, la promesa dada a Abraham afirmaba que en Cristo es en quien se cumpliría la promesa de Dios que serían benditas todas las familias de la tierra.

---

[51] Naciones, en hebreo **"goyim"**, literalmente "naciones extranjeras", en otras palabras "gentiles", como lo dice Pablo en el Nuevo Testamento: Strong, James. *Diccionario Strong de Palabras originales del Antiguo y Nuevo testamento.* Nashville, TN – Miami, FL: Editorial Caribe. Pag. 90.

Pero, para que en Cristo Jesús la bendición hecha a Abraham alcanzara a los gentiles, también a través de Cristo tenía que venir la promesa del Espíritu. Solo de esta manera, los gentiles podían tener acceso a la justificación por la fe, y al perdón de los pecados.

En otras palabras: **la herencia del Espíritu Santo** nos viene como parte de las promesas de Dios hechas a Abraham, sólo que nos llegaría a través de su simiente, Cristo. Pablo explica esto con las siguientes palabras dirigidas a los Gálatas, que buscaban ser herederos de las promesas a Abraham a través de la ley, él les dice que es a través de Cristo:

> *"para que* **en Cristo Jesús la bendición de Abraham alcanzase a los gentiles,** *a fin de que* **por la fe recibiésemos la promesa del Espíritu"** (Gal.3:14).

Así, pues, la promesa a Abraham de que en su simiente serían benditas todas las familias de la tierra, empezó su fiel cumplimiento en el derramamiento del Espíritu Santo el día del Pentecostés.

En el Pentecostés, el derramamiento del Espíritu Santo convocó a una gran multitud de todas las naciones bajo el cielo, las cuales, a la predicación del evangelio de Jesucristo, tres mil se arrepintieron por la obra regeneradora del Espíritu Santo y se bautizaron en el nombre de Jesucristo, para ser herederos de las promesas del Antiguo Testamento, dichas para este tiempo, incluyendo las promesas de Abraham, tal y como Pedro lo dijo: *"Arrepentíos, y bautícese cada uno de vosotros en el nombre de Jesucristo para perdón de los pecados; y recibiréis el don del Espíritu Santo. **Porque para vosotros es la promesa, y para vuestros hijos, y para todos los que están lejos; para cuantos el Señor nuestro Dios llamare"*** (Hechos 2:38-39).

Aunque estas últimas son palabras de Pedro, en realidad, Pedro mismo no las entendió en toda su plenitud. Pero, el Espíritu Santo se encargaría de que lo entendiera tiempo después, enviándolo a casa de Cornelio, hogar de un gentil, donde ahí el derramamiento del Espíritu Santo le obligaría a entender ampliamente que esta salvación es para todas las personas bajo el cielo por la fe. Por eso, en ese episodio, termina bautizando a toda la casa de Cornelio, que son gentiles.

E. El evangelio predicado por los Apóstoles es el mismo que Dios le anunció a Abraham

Ahora bien, en virtud de todo lo anterior, Pablo afirma en la Carta a los Gálatas, algo extraordinario, que poco ha sido observado en relación con Abraham. Él dice lo siguiente:

*"En efecto, la Escritura, habiendo previsto que **Dios justificaría por la fe a las naciones**, anunció de*

antemano el evangelio[52] *a Abraham: «Por medio de ti serán bendecidas todas las naciones"* (Gálatas 3:8; BAD)

Para Pablo, la promesa a Abraham de que Dios justificaría por la fe a todos gentiles no era otra cosa que el evangelio le había sido predicado a Abraham por Jehová mismo. Es decir:

1. Dios le anunció de antemano el evangelio (buena noticia) a Abraham, el cual consistía que en su simiente (Cristo) serían benditas todas las familias de la tierra. Dios le predicó de Jesucristo a Abraham.
2. Dios había previsto justificar por la fe a los gentiles, por gracia, en su simiente que es Cristo. Así, la iniciativa de bendecir era de Dios.
3. El alcance de esta bendición sería universal.

Como podemos observar, sin duda alguna, **Dios le anunció el evangelio**[53] **a Abraham**, lo cual incluía la promesa del Espíritu Santo implícitamente, para que la justificación por la fe pudiera ser realidad en el corazón de los gentiles. Por eso, para Pablo, las promesas de Dios hechas a Abraham ya contenían en germen el anuncio del evangelio de Jesucristo, simiente de Abraham, lo cual incluía todo el paquete de bendiciones que

---

[52] BAD. Es interesante como Pablo explica las promesas hechas por Dios a Abraham, asegurando que esas promesas contenían ya en germen el evangelio de Jesucristo.

[53] La Biblia al Día (BAD) traduce muy acertadamente "evangelio", en lugar de "buena noticia" en Gálatas 3:8, de esta manera nos muestra que en realidad esa buena noticia era el evangelio de Jesucristo, simiente de Abraham, lo que Dios le anunciaba y predicaba a Abraham. esta idea fue clave para la mayor parte de mi reflexión teológica en este capítulo.

incluía el don del Espíritu, la regeneración, justificación, liberación de la maldición de la ley, perdón de pecados, etc.

Vea lo anterior en el siguiente esquema:

Gálatas 3:13-14	Afirmación central
Cristo nos redimió de la maldición de la ley, *hecho por nosotros maldición (porque está escrito: Maldito todo el que es colgado en un madero*	Cristo nos redimió de la maldición de la ley (la simiente de Abraham)
para que en Cristo Jesús *la bendición de Abraham alcanzase a los gentiles*	Para que en Cristo Jesús nos alcanzara la bendición
a fin de que **por la fe recibiésemos la promesa del Espíritu"**	Y por la fe **recibiésemos la promesa del Espíritu**

En otras palabras, la promesa del Espíritu nos viene a nosotros los gentiles, e incluso a los judíos, como herencia de las promesas que Dios le hizo a Abraham, pero serían a través de su simiente que es Cristo.

F. **La comprensión de los apóstoles del verdadero evangelio**

Quizá, algo que hay que señalar es, que la comprensión del evangelio con la magnitud con que Pablo lo entendió, como lo vimos en líneas anteriores, no llegó a lograrse tan fácilmente por los doce, aún con la experiencia del derramamiento del Espíritu Santo el día del Pentecostés. Esto se puede ver sobre todo en Pedro que a pesar de su gran sermón del día del

Pentecostés, desarrolla un discurso donde parece entender un carácter universal de la salvación, con todo, no llegó a la comprensión plena de dicho tema tan fácilmente como lo logró Pablo.

Con justa razón, a Pedro lo hizo pasar una gran experiencia el Espíritu Santo, llevándolo a casa de Cornelio, precisamente, para enseñarle el evangelio de Jesucristo en forma más completa. Estando ahí, se derramó el Espíritu Santo y comprendió algo que no había entendido anteriormente, ni siquiera en el derramamiento del Espíritu el día del Pentecostés. Así, en casa de Cornelio, la revelación que recibió le hicieron expresar con asombro las siguientes palabras:

> *"Entonces Pedro, abriendo la boca, dijo: En verdad comprendo que* **Dios no hace acepción de personas,** *sino que* **en toda nación se agrada del que le teme y hace justicia"** (Hch.10:34-35; RV60. *Énfasis mío*)

> *"Mientras aún hablaba Pedro estas palabras, el Espíritu Santo cayó sobre todos los que oían el discurso. Y los fieles de la circuncisión que habían venido con Pedro* **se quedaron atónitos de que también sobre los gentiles se derramase el don del Espíritu Santo.** *Porque los oían que hablaban en lenguas, y que magnificaban a Dios. Entonces respondió Pedro:* **¿Puede acaso alguno impedir el agua, para que no sean bautizados estos que han recibido el Espíritu Santo también como nosotros?** *Y mandó bautizarles en el nombre del Señor Jesús.*

Entonces le rogaron que se quedase por algunos días".
(Hch.10:44-48; RV60. *Énfasis mío*)

En la conversión de Cornelio, Pedro fue de asombro en asombro junto con los fieles de la circuncisión que le acompañaban. Primero, porque el Espíritu Santo quebrantó sus resistencias para que no se negara a ir casa de Cornelio. Segundo, quebró sus resistencias a predicar el evangelio de Jesucristo a los gentiles. Pero, luego, el Espíritu Santo quebró todos sus esquemas teológicos, al ver que Cornelio y los que estaban en su casa recibían el don del Espíritu Santo con la señal de las nuevas lenguas, entonces se convenció de que Dios había dado oportunidad a los gentiles para el arrepentimiento y el perdón de los pecados en Jesucristo.

Pedro creía seguramente que el camino de los gentiles para la salvación era de otra forma diferente a la de un judío, por no ser del pueblo escogido de Israel. Pero, el Espíritu Santo le corrigió, y mandó bautizarles en el nombre del Señor Jesús, sin necesidad de circuncidarles, contrario a lo que había pensado antes. Ahora entendía con claridad que el perdón de los pecados en el nombre de Jesucristo, y la promesa del derramamiento del Espíritu Santo, eran tanto para judíos y gentiles.

Cuando Pedro regresó a Jerusalén, los apóstoles y los hermanos disputaron con él, cuestionándole ¿por qué había entrado en casa de gentiles, y además los había bautizado? Pedro les contó la manera en que el Espíritu Santo lo había llevado a casa de Cornelio y se había derramado sobre ellos, al oírlo, entendieron que todo había sido obra del Espíritu Santo, y exclamaron diciendo:

> *"Si Dios, pues, les concedió también el mismo don que a nosotros que hemos creído en el Señor Jesucristo, ¿quién era yo que pudiese estorbar a Dios? Entonces, oídas estas cosas, callaron, y glorificaron a Dios, diciendo:* **¡De manera que también a los gentiles ha dado Dios arrepentimiento para vida!"** (Hechos 11:17-18; RV60. *Énfasis mío*)

Es interesante observar que todo el relato de la conversión de Cornelio y los que estaban reunidos en su casa, nos va mostrando que la forma en que los gentiles serán alcanzados por Jesucristo, simiente de Abraham, para ser parte del nuevo pueblo de Dios, la iglesia, contiene temas que normalmente aparecen unidos: la fe, el arrepentimiento, el bautismo, la invocación del nombre de Jesucristo, la predicación del evangelio, la regeneración, la presencia y manifestación del Espíritu Santo. Todos estos elementos se hacen ´presentes para que los gentiles se conviertan en hijos de la promesa, herederos de las promesas de Abraham

García Cordero comenta lo anterior, para explicar cómo Pedro logra convencer a los apóstoles de que fue el mismo Espíritu Santo quien le llevó a bautizar a los gentiles.

> "La defensa de Pedro ante el reproche que le hacen se reduce a hacerles ver que había estado guiado en cada caso por Dios, y que no haber

bautizado a Cornelio y los suyos y los suyos hubiera sido desobedecer a Dios (v.2-17). Su argumentación no tenía réplica; de ahí, la conclusión del relato: "Al oír estas cosas callaron y glorificaron a Dios, diciendo: luego Dios ha concedido también a los gentiles la penitencia para la vida[54]" (v.18)

Cuando se convocó al concilio de Jerusalén a los apóstoles, profetas y ancianos, y sale a discusión el tema de la inclusión de los gentiles en la iglesia, concluyen elaborando una carta donde ponen el acuerdo al que llegaban de incluir a los gentiles y reconocerles que son parte del plan de salvación de Dios, algo que ya los profetas habían anunciado. Entonces anotan algo muy importante en esa carta:

> "Porque **ha parecido bien al Espíritu Santo, y a nosotros**, no imponeros ninguna carga más que estas cosas necesarias: que os abstengáis de lo sacrificado a ídolos, de sangre, de ahogado y de fornicación; de las cuales cosas si os guardareis, bien haréis. Pasadlo bien" (Hech.15:28-29)

"El parecer" que el Espíritu Santo les había compartido, había sido el proceso en el cual llevó a Pedro a casa de Cornelio, y lo convenció de que Jesucristo es el fundamento de la salvación para los judíos, como también de los gentiles. El mismo Espíritu derramado sobre los judíos, era el mismo Espíritu derramado sobre los gentiles. A partir de este entendimiento, los

---

[54] García Cordero. *Op., Cit*. Pág. 4648

apóstoles empezaran a comprender con mayor exactitud, sobre todo Pablo, que judíos y gentiles tienen **"un Señor, una fe, un bautismo…"**. Y que es el mismo Espíritu Santo quien une a judíos y gentiles en una misma iglesia, un mismo pueblo.

Pocos han visto en estos versículos que son una teología de la unidad que nació por obra del Espíritu Santo, que unió a gentiles y judíos en un solo pueblo, la iglesia. Pero, que esta obra empezó con el milagro del derramamiento del Espíritu Santo en casa de Cornelio y la nueva comprensión teológica del camino de la salvación que ahí se generó por la revelación del Espíritu Santo.

De aquí en adelante, la exhortación a guardar la unidad del Espíritu se vuelve esencial:

> *"Solícitos en guardar **la unidad del Espíritu** en el vínculo de la paz; un cuerpo, y un Espíritu, como fuisteis también llamados en una misma esperanza de vuestra vocación; un Señor, una fe, un bautismo, un Dios y Padre de todos, el cual es sobre todos, y por todos, y en todos"* (Efesios 4:3-6)

Ahora saben que han sido llamados a preservar la unidad que ha sido creada por el Espíritu Santo, quien nos ha unido en una misma iglesia, en un mismo cuerpo, en Jesucristo.

Como se los dijo Pablo a los Gálatas:

*"Pues **todos sois hijos de Dios por la fe en Cristo Jesús**; porque **todos los que habéis sido bautizados en Cristo**, de Cristo estáis revestidos. Ya no hay judío ni griego; no hay esclavo ni libre; no hay varón ni mujer; **porque todos vosotros sois uno en Cristo Jesús**. Y si vosotros **sois de Cristo**, ciertamente **linaje de Abraham sois, y herederos según la promesa"** (Gálatas 3:26-29)*

Gálatas 3:26-29 RV60 es un pasaje extraordinario, porque representa el cierre de todo el discurso del capítulo tres, que argumenta que la salvación es por la fe en Jesucristo, sin las obras de la ley. Conecta con el paquete de bendiciones prometidas a Abraham al mismo Espíritu Santo, creador de la fe para la salvación en Cristo Jesús, simiente de Abraham.

Sin embargo, algo muy interesante observar es que, en casi todos los pasajes paulinos, y también apostólicos, donde se habla del tema del bautismo, aparece la fe, la invocación del nombre de Jesucristo, el arrepentimiento, el perdón de los pecados y el tema del Espíritu Santo (Romanos caps. 4-9; Hch.2:1-41; 10:34-48; 19:1-7; 1Cor.6:11; Ro.10:9-11)

En este pasaje de Gálatas no es la excepción, sólo agrega Pablo la idea teológica de cómo la justificación-perdón, regeneración (aquí se utiliza revestido de Cristo), bautismo en el nombre de Jesucristo, fe, no sólo nos convierten en hijos de Dios, sino en herederos de las promesas de Abraham, tanto a judíos y gentiles, como esclavos y libres, y así mismo a varón y mujer; nos hace linaje de Abraham y uno en Cristo. De hecho, toda la carta a los Gálatas habla del Espíritu y la ley, o del fruto del Espíritu contrapuestas a las obras de la carne, por lo cual se pueden ver como temas centrales de esta carta.

Por lo anterior, la gran revelación de que judíos y gentiles seríamos un solo cuerpo en Cristo, una misma iglesia, con un mismo bautismo, un mismo Espíritu y un mismo Señor, fue dada a Abraham. La promesa del Espíritu Santo fue dada a Abraham, porque el Espíritu es quien genera la fe para unirnos en un solo cuerpo en Cristo.

De nuevo Paul Aubin es magistral al comentar, sobre todo, en este caso Gálatas 3:27, conectando el bautismo con las promesas de Abraham. Él afirma en esta exégesis que recibir el bautismo es hacerse heredero de las promesas de Abraham. Observe su comentario al respecto.

> Transmitida de generación en generación, la Promesa dirigida a Abraham tuvo su pleno cumplimiento en Jesucristo, y es justamente por su unión con Cristo por lo que todo bautizado hereda la Promesa y entra a formar parte de la Historia Sagrada: *«Todos los que habéis sido **bautizados** en Cristo os habéis revestido de Cristo (...) Y si sois de Cristo, ya sois descendencia de Abraham, **herederos** según la Promesa».* Recibir el bautismo es hacerse «heredero» de Abraham y «coheredero de Cristo». Es, por tanto, convertirse en alguien con quien Dios se compromete de un

modo irrevocable y, por así decirlo, solemne; efectivamente, Dios le dice a Abraham en el relato del Génesis: **«Por mí mismo juro, oráculo de Yahvé, (...) yo te colmaré de bendiciones (...) y por tu descendencia se bendecirán todas las naciones de la tierra**[55]**»**

Con justa razón también afirma las siguientes palabras:

> Ya no tiene sentido distinguir entre quienes descienden y quienes no descienden carnalmente de Abraham: la distinción entre judíos y gentiles ha quedado suprimida, porque todo hombre puede ser heredero de la Promesa; ya no es cuestión, efectivamente, de descendencia camal, sino de comunión en Jesucristo; quien se adhiere a Cristo, hijo de Abraham, se hace en Cristo hijo de Abraham y heredero de la Promesa: *«Los gentiles entran en la misma herencia. son miembros de un mismo cuerpo y tienen parte en la misma promesa en Cristo Jesús*[56]*»*

Así, pues, la gran promesa de que en la simiente de Abraham serían benditos todos los gentiles de la tierra, empezó su fiel cumplimiento en Jesucristo a partir del derramamiento del Espíritu Santo en Pentecostés. Pero, lo más interesante es que de esta manera se puede ver y afirmar que la misma promesa del Espíritu santo era promesa dada a Abraham. de otra forma

---

[55] Aubin, Paul. *Op. Cit.,* Pág. 15.
[56] *Ibid*, Pág. 35.

la justificación por la fe en Jesucristo, simiente de Abraham, para que todas las naciones fueran alcanzadas, no podría ser posible.

Así sucedió en el Pentecostés, evento fundante de la misión de la misión a los gentiles, donde una multitud reunida de todas las naciones bajo el cielo, fueron tocadas y regeneradas por el Espíritu Santo en lo más profundo de su corazón, creyeron, se arrepintieron y se bautizaron en el nombre Jesucristo, para el perdón de sus pecados. Así se convirtieron en herederos de las promesas a Abraham.

De esta manera, la justificación por la fe en Jesús, simiente de Abraham se hizo realidad y nació la iglesia, formada de creyentes de distintas nacionalidades y culturas, pero unidas por un mismo Espíritu en **un solo Señor, una fe y un bautismo.**

La gran promesa de bendición a todas las naciones empezaba, y no parará, hasta que un día de todas las tribus, lenguas (idiomas y culturas) y naciones del mundo, le adoremos por siempre en el reino eterno de Dios. ¡Amén!

7

PENTECOSTÉS, HERENCIA DEL ESPÍRITU

Hoy en día, sin lugar a duda, estamos viviendo tiempos difíciles. La maldad sigue aumentando a pasos agigantados, y parece no tener límites. La moral está por los suelos en la sociedad presente. Las ofertas religiosas abundan por doquier causando confusión, más que orientación y conocimiento real de Dios, basta ver internet y el mercado religioso ahí manifestado para comprobarlo.

De igual manera, la comunidad científica proclama como uno de sus grandes principios, que todo conocimiento es relativo, tanto el conocimiento religioso, científico y filosófico. Según ese punto de vista, nada se puede asegurar como "la gran verdad", ni siquiera la existencia de Dios, pues mañana, dicen ellos, una nueva "verdad" desplazará a la anterior volviéndola caduca y falsa, o por lo menos inexacta.

La sociedad actual da por sentado que, en el futuro, las verdades de hoy ya no serán verdades, y los criterios de fe, valores, leyes y estilos de vida cambiarán rotundamente. Así de relativista es el pensamiento de la humanidad hoy.

Por lo anterior, creo firmemente que el mejor legado que podemos dejar a las siguientes generaciones, es preservar hoy nuestra herencia pentecostal, tal y como la recibió la iglesia desde el día del pentecostés, y transmitirla fielmente a los nuevos creyentes y a la iglesia en general. Debemos dotarlos de sabiduría, poder y unción para enfrentar los retos que cada nuevo contexto social y tiempo histórico representa.

Esa fue la herencia que Cristo le entregó a la iglesia de Jerusalén cuando ascendió a los cielos. Así fiel a su origen divino, la hizo efectiva en la misión, les dio una vida nueva, y los hizo relevantes a las necesidades del prójimo en cualquier cultura.

Pero ¿cuál es esa herencia pentecostal a la que nos referimos? Fácil. Para conocerla profundamente, hay que ir principalmente al pasaje bíblico de Hechos 2:1-41. Aunque no despreciamos las manifestaciones históricas modernas de la experiencia pentecostal, creemos que el Pentecostés de Jerusalén representa la revelación central que Dios quiso dejarnos y que debemos conservar.

A. Pentecostés revela que Dios le dio a su iglesia la herencia del Espíritu Santo

La iglesia nació en Jerusalén, no como el simple resultado de haber conocido a Jesucristo y ser testigos de su resurrección, sino porque el grupo de los 120 reunidos en el aposento alto, además de ser testigos de la resurrección de Jesucristo, experimentaron ese día el derramamiento y la presencia plena y poderosa del Espíritu Santo en el interior de sus vidas. Así a los apóstoles y a la iglesia les quedó claro para siempre que no estaban solos, el mismo Cristo resucitado moraba en sus corazones, y los acompañaba en su peregrinaje, dotándoles de poder y unción, tal y como se los había prometido Dios mismo desde el Antiguo Testamento. Así se los prometió Jesucristo en su ministerio terrenal, momentos antes de ascender a los cielos:

> *"Y pondré dentro de vosotros mi Espíritu... "; "Y he aquí yo estoy con vosotros todos los días, hasta el fin del mundo. Amén"; "Pero recibiréis poder cuando haya venido sobre vosotros el Espíritu Santo..."* (Ez.36:27; Mt.28:20; Hch.1:8).

La llenura del Espíritu fue entendida por los apóstoles como la presencia de Dios mismo dentro de sus hijos. Como lo dijo el profeta Ezequiel, era la presencia del Espíritu del Cristo resucitado en el corazón de los creyentes, dotando sus vidas de poder, ministerios, unción y vida nueva.

Parafraseando a Pablo, el derramamiento del Espíritu Santo es la misma morada de Dios en Espíritu sobre su iglesia, para hacer de ella un templo Santo:

"edificados sobre el fundamento de los apóstoles y profetas, siendo la principal piedra del ángulo Jesucristo mismo, en quien todo el edificio, bien coordinado, va creciendo para ser un templo santo en el Señor; en quien vosotros también sois juntamente edificados **para morada de Dios en el Espíritu**" (Efesios 2:20-22)

La iglesia debe preservar esta herencia maravillosa que Dios le dio, y entregarla como un legado especial a las siguientes generaciones de líderes y creyentes apostólicos, para hacer de ellos instrumentos de la misión llenos de la presencia de Dios. Creyentes llenos del Espíritu Santo, que no es otra cosa que la llenura de la presencia del Cristo resucitado inundando sus vidas con la evidencia de las nuevas lenguas y la dotación de dones, ministerios, poder y unción.

Debe dejar bien claro a los creyentes y líderes de la iglesia de hoy y de los que vendrán, que el Espíritu Santo sigue y seguirá siendo más indispensable que nunca.

Su presencia es la dotación del poder con que la iglesia derrotará siempre al enemigo, y cumplirá la misión que se le ha entregado, pues *no es con ejército ni con fuerza, sino con su Santo Espíritu.*

B. Pentecostés: una gran herencia de cómo adorar a Dios en Espíritu y en verdad

El pentecostés significó un culto lleno de la presencia del Espíritu Santo. Las lenguas repartidas como de fuego hicieron que cada persona tomada por el Espíritu hablara en otras lenguas (idiomas) *"las maravillas de Dios"* (Hch.2:11).

Así, hablar las maravillas de Dios en los idiomas de las personas que estaban reunidas en Pentecostés, significaba contar y enumerar los hechos poderosos salvíficos de Dios en favor de su pueblo, a través de toda la historia de la salvación. Al final de cuentas para eso es el culto, para celebrar los hechos y actos salvíficos de Dios desde antes de la creación del mundo, hasta hoy.

El culto hebreo lo hacía así, los sacerdotes y levitas narraban todo lo que Dios había hecho en su favor, y el pueblo reunido en adoración terminaba coralmente cantando. Tal es el caso del Salmo 136, que de los 26 que tiene, repite en cada versículo la frase: ***"Porque para siempre es su misericordia"***. Este era el culto que celebraba las misericordias eternas del Señor sobre su pueblo.

Pero lo más asombroso es que en el Pentecostés, este culto originado por la llenura del Espíritu Santo narra que el hecho salvífico central por excelencia de las misericordias eternas del Señor para con su pueblo es que Cristo había sido muerto y resucitado. Muestra que por la fe en su muerte y resurrección el hombre ingresa por su gracia al perdón de los pecados y a la vida eterna. Por eso, no podía ser de otra manera el bautismo en agua, sino invocando el nombre de Jesucristo, pues bautizados en el nombre de Jesús todos aquellos que se arrepentían, declaraban públicamente su fe en que sólo **Jesucristo es el Señor**, y que sólo en él, por la fe en su nombre, y en su muerte y resurrección se recibe el perdón de los pecados y la vida eterna (Hch.2:38).

Así, Pentecostés nos mostró que el culto verdadero hoy es una celebración de la gracia salvífica de Dios acontecida en Jesucristo. Las misericordias eternas de Dios están a nuestro alcance solamente en Jesús. Por lo tanto, según la revelación del Pentecostés el culto verdadero es **cristo céntrico**. En él la iglesia debe adorar a Jesucristo como el Señor, como el único salvador, como el único que tiene el Nombre en el cual hay perdón de pecados y salvación.

> Cristo mismo lo había dicho: *"Dios es Espíritu; y los que le adoran, en Espíritu y en verdad es necesario que adoren"* (Jn.4:24); *Porque donde estén dos o tres congregados en mi nombre, ahí estoy yo en medio de ellos"* (Mt.18:20).

Se necesita, pues, el Espíritu de Dios para reunirnos en el nombre de Jesucristo y adorarlo, de tal forma que su presencia se manifieste en medio, y dentro de nosotros.

Es cierto que hoy el culto está lleno de colorido, formas culturales y expresiones de actualidad para adorar a Dios, pero nunca debemos perder de vista que el culto verdadero necesita de la presencia genuina del Espíritu Santo.

De ello depende que el culto se convierta en un diálogo y un encuentro de Dios con el hombre, donde Dios toma la iniciativa, habla, toca, bendice, llena, transforma, y el hombre responde adorando y rindiendo su vida a Dios de manera total.

El culto no es un mero espacio para la catarsis, es la presencia de Dios en medio de su pueblo y dentro de ellos, en un encuentro enriquecedor, transformador y de equipamiento de poder para servir. En él el creyente impactado por el Espíritu alaba y glorifica a Dios con todo su ser.

Retengamos este culto pentecostal.

C. La herencia cristológica del pentecostés

Una de las herencias maravillosas del pentecostés legada para siempre a la iglesia, fue la profunda cristología ahí revelada y dada a los apóstoles. El derramamiento del Espíritu Santo trajo la revelación, no entendida hasta ese momento por los apóstoles, que **Jesucristo es el Señor.** Pedro lo recalcó tres veces como uno de los temas principales de su sermón.

Lo afirmó en Hechos 2:21, diciendo en alusión a Jesucristo: ***"Y todo aquel que invocare el nombre del Señor, será salvo".***

Luego, en su mismo sermón dejará en claro que el ***Señor*** y el ***Nombre*** a quien él se refiere ***es Jesús***, cuando dice en el verso 36: *"Sepa, pues, ciertísimamente toda la casa de Israel, que **a este Jesús** a quien vosotros crucificasteis, **Dios le ha hecho Señor y Cristo".** Así, a estas alturas de su sermón, Pedro ya tiene la

163

fórmula de fe apostólica bien clara: JESUCRISTO ES EL SEÑOR, además de ser el Cristo (el Mesías esperado).

Pero, lo más asombroso de la revelación cristológica el día del Pentecostés es la afirmación del versículo 39 de Hechos 2. Pedro afirma en este pasaje la divinidad absoluta de Jesucristo con las siguientes palabras:

> *"Porque para vosotros es la promesa, y para vuestros hijos, y para todos los que están lejos;* **para cuantos el Señor nuestro Dios llamare".**

Esta doctrina del nombre desarrollada por los apóstoles el día de Pentecostés, bajo la cobertura del Espíritu Santo, nos muestra que Jesucristo no sólo es el único Salvador, sino que también es el único Señor y Dios (Hch.2:21,36,39). Afirmación que concuerda exactamente con la del **Shemá** (Dt.6:4), tal y como lo traduce la versión griega del Antiguo Testamento, la Septuaginta, que dice en su parte final *"...**el Señor nuestro Dios**, el Señor uno es"*, Pedro aplica, pues, a Jesucristo la revelación del Shemá, Jesucristo es el Señor y Dios.

A partir de pentecostés, los apóstoles predicarán constantemente que la gracia salvífica de Dios se encuentra solamente en Jesucristo, sólo en su nombre:

> *"Este Jesús es la piedra reprobada por vosotros los edificadores, la cual ha venido a ser cabeza del ángulo. Y en ningún otro hay salvación; porque no hay otro nombre bajo el cielo, dado a los hombres, en el cual podamos ser salvos"* (Hch.4:11-12).

Pablo lo dirá con las palabras que escribió en Romanos 10:9, hablando del bautismo como un acto de fe y adoración a Jesucristo *"**Que, si confesares con tu boca que Jesús es el Señor, y creyeres en tu corazón que Dios le levantó de los muertos, serás salvo"**.*

En consecuencia, la predicación de la iglesia debe ser cristocéntrica, proclamarle al mundo que Jesucristo es el único Señor y Dios, que sólo en su muerte y resurrección hay perdón de pecados, que Jesucristo es el Nombre sobre todo nombre, y sólo por la fe en el nombre de Jesús hay victoria contra la muerte, contra el pecado. Proclamar que se obtiene la vida eterna por su gracia. Debemos predicarlo hasta que toda lengua (idioma) confiese que Jesucristo es el Señor, para gloria de Dios Padre (Fil.2:11)

Este es el legado cristológico que nos entregó el Espíritu Santo el día del Pentecostés, legado que debemos conservar, pues el mundo necesita a Cristo, porque sólo Jesucristo es el único Señor y Dios.

D. La herencia ministerial

Hablando de Jesucristo, los ministerios y dones que repartió el día del Pentecostés, cuando derramó de su Espíritu, Pablo dijo lo siguiente:

> *"Por lo cual dice: **Subiendo a lo alto**, llevó cautiva la cautividad, Y **dio dones a los hombres**. Y eso de que subió, ¿qué es, sino que también había descendido*

primero a las partes más bajas de la tierra? El que des-
cendió, es el mismo que también subió por encima de todos
*los cielos para llenarlo todo. Y **él mismo constituyó***
a unos, apóstoles; a otros, profetas; a otros, evangelistas;
a otros, pastores y maestros" (Ef.4:8-11).

Para el apóstol Pablo, la iglesia ha sido dotada de poder, unción y autoridad para someter al enemigo y derrotarlo en el
nombre de Jesucristo. Poder para edificar la iglesia a través de
los dones y ministerios que Cristo le repartió el día del Pentecostés, por medio de su Espíritu Santo.

Para Pablo, Cristo equipó y capacitó a la iglesia en el Pentecostés para sanar enfermos, romper ataduras demoníacas, ex-
pulsar demonios, hacer milagros, enseñar, administrar, dirigir,
servir, evangelizar, predicar el evangelio, etc.

Cristo le heredó todo su poder, autoridad y vitalidad a la iglesia, como su cuerpo. Así, los ministerios son el diseño de Dios
para edificar una iglesia poderosa, llena de vida, multiplicán-
dose constantemente, victoriosa contra el enemigo, madura,
fuerte, creciendo constantemente hacia la estatura de Cristo,
tal y como se vio el día del pentecostés.

Esta es la profunda eclesiología de Pablo en Efesios 4:1-16.
La iglesia tiene todo para crecer, multiplicarse, madurar y ser
fuerte contra el enemigo.

No olvidemos, pues, lo anterior: la iglesia podrá desplegar es-
trategias, métodos, etc., pero la vitalidad de la iglesia, el poder
y la autoridad que pueda desplegar, viene de Dios, del Espíritu

Santo derramado sobre ella, para que pueda llevar a cabo la misión que Dios le ha entregado. Por lo tanto, ayudar a los creyentes a descubrir sus dones y ministerios, capacitarlos y organizarlos para ejercerlos, será clave hoy y en las generaciones que vendrán, como lo fue en la iglesia primitiva para la edificación y crecimiento de la iglesia.

E. Misión y escatología

El derramamiento del Espíritu Santo el día del pentecostés reveló que la misión de la iglesia es alcanzar al mundo entero. Por el estruendo y el ruido del Espíritu se reunió una gran multitud en el lugar donde estaban congregados orando. De pronto, había gente *de todas las naciones bajo el cielo* reunidas ahí donde oraban. Y empezaron a escuchar las maravillas de Dios, cada uno de los ahí reunidos, en su propio idioma, tres mil se bautizaron en el nombre de Jesús.

En un ratito, gente de toda lengua-idioma, raza, nación, etc., estaba escuchando el evangelio de Jesucristo. La iglesia tiene que comprender que está creada por el soplo del Espíritu Santo para predicar el evangelio a toda criatura, para hacer discípulos en todas las naciones (etnias), de tal forma que el que creyere y fuere bautizado, sea salvo.

Así nació la iglesia con el fuego del Espíritu Santo, precisamente para ser desafiada y equipada para ganarse al mundo entero, para levantar un pueblo de Dios de toda tribu, raza, lengua y nación.

Los tres mil bautizados en pentecostés de distintas lenguas-idiomas representan las primicias de una gran cosecha que la iglesia tiene como encargo de Dios. Está llamada a levantar algún día en todo el mundo, para que seamos una muchedumbre de gentes, pueblos, lenguas y tribus incontables, reunidos con Cristo, el cordero que fue inmolado, para darle honra y gloria por los siglos de los siglos. Esto es así porque con su sangre nos ha redimido y ha hecho un solo pueblo para Dios. La iglesia no puede ignorar, ni dejar de cumplir esta misión, por muy difícil que sea. Es la misión que desde el día del Pentecostés Dios le entregó a la iglesia.

Pedro dice que el derramamiento del Espíritu Santo indica que ya estamos en los postreros días, es decir, que se acerca la manifestación de la plenitud de su reino. Sin embargo, en el entretanto que eso sucede, la iglesia debe enfocarse en cumplir la misión de llevar el evangelio hasta lo último de la tierra. La espera de la venida del Señor debe ser trabajando en la misión, pues hasta que no se predique el evangelio en todo el mundo, entonces vendrá el arrebatamiento de la iglesia, el milenio, y luego el reino eterno de Dios.

Para finalizar diremos que tenemos una rica y maravillosa herencia. Somos un pueblo bendecido en gran manera. En medio de nosotros, y dentro de nosotros, está el fuego del Espíritu Santo que nos da vida, poder, autoridad y unción. El poder para la multiplicación de creyentes se mueve entre nosotros como lo hizo en la iglesia primitiva.

El mismo Señor que derramó los dones y ministerios el día de Pentecostés, y dotó a la iglesia de poder y unción para que cumpliera la misión la iglesia de Jerusalén, es el mismo que reparte los dones hoy.

Por lo tanto, no descuidemos lo que Dios nos ha dado. Sigamos predicando del Cristo resucitado como el único en el cual hay salvación. Enseñemos a la gente a poner su fe en Jesucristo, a *invocar su nombre* declarándolo como el Señor, como el único salvador, que sólo en su nombre hay perdón de pecados y vida.

Sigamos diciéndole a la iglesia que necesita la llenura del Espíritu Santo, de la evidencia de las nuevas lenguas, y de la dotación de poder, dones, unción y autoridad que sólo Él puede dar.

Enseñemos a la iglesia a desplegar siempre un culto con una espiritualidad ferviente, que adore a Dios en Espíritu y en verdad. Que no vaya a cometer el error de hacer del culto sólo una catarsis, sino un encuentro genuino con Dios, con su espíritu Santo.

Requerimos un culto que celebre los hechos salvíficos de Dios e medio de su pueblo. Un culto que celebre el hecho salvífico por excelencia: la muerte y la resurrección de Jesucristo como la manifestación de la gracia de Dios para salvación y demostración de la victoria de su reino sobre la muerte y el pecado.

BIBLIOGRAFIA

Obras de referencia

BIBLIA AL DÍA (1989) El Paso, TX; Editorial Mundo Hispano

CAMPOS, Bernardo (2016). *El Principio Pentecostalidad: Unidad en el Espíritu, Fundamento de la paz.* Concepción, Chile: Ediciones CEEP.

CARRILLO, Salvador (2009). *"La espiritualidad de los profetas".* Navarra, España; Editorial Estella.

CARRO, Daniel, & Poe, J. T., & Zorzoli, Rubén O., & Ortiz, Dionisio. *Comentario Bíblico Mundo Hispano, Tomo 18: HECHOS.* El Paso, TX.: Editorial Mundo Hispano.

CHÁVEZ, Moisés (1992). *Diccionario de Hebreo Bíblico.* El Paso, TX: Editorial Mundo Hispano.

DEL OLMO LETE, Gregorio (1973). *La Vocación del Líder en el Antiguo Israel.* Salamanca: Universidad Pontificia.

FEE, Gordon D. (2007). *Pablo, el Espíritu y el pueblo de Dios.* Miami FL: Editorial Vida.

GARCÍA CORDERO, Maximiliano (1967). *Biblia Comentada de Salamanca.* Madrid: Editorial B.A.C.

GOURGUES, Michel (1988). *Misión y Comunidad: Hechos 1-12.* Navarra, ESPAÑA: Editorial Verbo Divino.

SANTA BIBLIA DIOS HABLA HOY DHH (2002). Traducción del original hebreo, arameo y griego. Incluye los libros deuterocanónicos y apócrifos. ISBN: 1576970787.

SANTA BIBLIA REINA-VALERA, 1960

SANTA BIBLIA CASTILLA 2003 La Biblia, Nueva Versión Internacional ®, (Castilian Version) Copyright © 1999, 2005 by Biblica, Inc.®

BAUCKHAM, Richard (2003). *El Dios Crucificado: Monoteísmo y Cristología en el Nuevo Testamento*. Barcelona: Editorial CLIE.

SÁNCHEZ, Edesio (2002). *Comentario Bíblico Iberoamericano: Deuteronomio*. Buenos Aires: Editorial Kairós,

STRONG, James (2002). *Diccionario Strong de Palabras Originales del Antiguo y Nuevo Testamento*. Nashville, TN– Miami, FL: Editorial Caribe.

STRONG, James (2002). *Nueva Concordancia Strong Exhaustiva: Diccionario Strong de Palabras originales del Antiguo y Nuevo Testamento*. Nashville, TN—Miami FL: Editorial Caribe.

SWANSON, James (2001). *Diccionario de Idiomas Bíblicos: Griego*. Logos.

TUGGY, Alfred E., (1996). *Léxico Griego – Español del Nuevo Testamento*. El Paso, TX: Editorial Mundo Hispano.

VARIOS AUTORES (1993). *Comentario Bíblico Mundo Hispano: Tomo 2, Éxodo*. El Paso, TX: Editorial Mundo Hispano.

VARIOS AUTORES (2003). *Nuevo Comentario Bíblico Siglo Veintiuno: Antiguo Testamento*. El Paso, TX: Editorial Mundo Hispano.

VINE, W.E. (1999). *Vine: Diccionario Expositivo de Palabras del Antiguo y Nuevo Testamento Exhaustivo*. Nashville, TN.: Editorial Caribe.

ZIMMERLI, Walther (1980). *La Ley y los Profetas*. Salamanca: Ediciones Sígueme.

ZIMMERLI, Walther (1980). *Manual de Teología del Antiguo Testamento*. Madrid: Ediciones Cristiandad.

Obras de consulta

ARCHER, Keneth J. A. *Pentecostal Hermeneutic: Spirit, Scripture and Community. Journal of Pentecostal Theology Supplement Series* (28), Cleveland: CPT Press, 2005

ASENSIO, F. *El Dios de la luz: Avances a través del A. T. y contactos con el N. T.*, «Analecta Gregoriana», 90 Roma: Gregorian & Biblical Press, 1958.

BONSIRVEN, J. *Cartas de San Juan*, Madrid 1966

BRUNER, Frederick Dale. *A Theology of the Holy Spirit*. Michigan: William Eerdmans Publisher. 1970.

D.S.P. *Contexto político, social, cultural y religioso de palestina en tiempos de Jesús* publicado en Hágase la Semana Santa [En línea] en: http://cofrades.sevilla.abc.es/profiles/blogs/contexto-politico - social (consultado el 19.09. 2017)

DE CESAREA, Eusebio, *Historia eclesiástica*. Buenos Aires: Editorial Nova, 1950

DE WIT, Hans. *En la dispersión el texto es patria: Introducción a la hermenéutica clásica, moderna y posmoderna*. San José, Costa Rica: Universidad Bíblica Latinoamericana (UBL)-CEEP, 2011.

DEL GORRO CALDERON, G. *"Luz y Tinieblas"* [en el evangelio de Juan], en línea en: http://www.mercaba. org/Rialp/L/luz_y_ tinieblas.htm

DEMPSTER, Murray W. "The Church's Moral Witness: A Study of Glossolalia in Like´s Theology of Acts". Paraclete: *A Journal of Pentecostal Studies 23* (1989): 5

DOS SANTOS OLIVA, Alfredo y BENATTE, Antonio Paulo (Orgs.), *Cem Anos de Pentecostes. Capítulos da História do pentecostalismo No Brasil.* Sao Paulo: Fonte Editorial, 2010.

DUFFIELD, Guy P. y Van Cleave, Nathaniel M. *Fundamentos de teología Pentecostal.* USA: LIFE Pacific College, 2da edición, 2002.

DUNN, James D. G. *El cristianismo en sus comienzos* Tomo II / Volumen 1 *Comenzando desde Jerusalén.* Pamplona: Ed. Verbo Divino, 2009: 27-29, 171ss

ELÍADE, Mircea (ed.), *The Encyclopedia of Religion*, Nueva York, Macmillan, vol. 9, 1995.

E-SWORD - *the Sword of the LORD with an electronic edge.* © 2014 United States of America. www.e-sword.net

FENSHAM, J. "*Widow, Orphan the Poor in Ancient Legal and Wisdom literatura*": JNES 21(1962) 129-139 citado por Xabier Pikaza, "Amor a los huérfanos, viudas y extranjeros en el AT" *El camino de la Palabra 21. La revista cristiana de Hoy* [en línea] http:// blogs.21rs.es/pikaza/2012/11/08/amor-a-los-huerfanosviudas -y-extranje ros-en-el-at1/ (consultado el 19.09.2017)

GRUNBLATT, Tzví (Rabino) "*Las tres plegarias diarias*" Extraído de *Mi Plegaria* Editorial Kehot. http:// www. jabad.org.ar/ biblioteca/de-la-vida/desarollo-personal /las-tres-plegarias diarias/

JOSEFO, Flavio. *La Guerra de los Judíos.* Vol. I. México: Editorial Porrúa (6ta Edición) 2008.

JOSEFO, Flavio. *Antigüedades de los judíos*, Libro XX, Capítulo II, 5.

KAISER, Jr. Walter C. "*Single Meaning, Unified Referents: Accurate and Authoritative Citations of the Old Testament by the New Testament,*" in Stanley N. Gundry et al, *Three Views on the New Testament Use of the Old Testament* Grand Rapids: Zondervan, 2007

KITTEL, Gerhard – Friedrich, Gerhard y Bromiley, Geoffrey W. *Compendio del Diccionario Teológico del Nuevo Testamento*. Colombia: Libros Desafío, 2002

KÜNG, Hans. *El cristianismo. Esencia e Historia*. (Madrid: Editorial Trotta, 1997

LAND, Steven. *La espiritualidad Pentecostal: Una pasión por el Reino*. Ecuador: SEMISUD, 2009

LIGHTFOOT, John. *Exercitations upon the Gospel of St. Luke*, in *e-sword*, http://www.e-sword.net (versión 10.3.0, por Rick Meyers. 2000-2014)

LUDUEÑA ROMANDINI, Fabián. *A comunidade dos espectros: I. Antropotecnia*. Florianópolis: Ed. Cultura e Barbarie, 2012

MESQUIATI DE OLIVEIRA, David *"Profetismo Bíblico e Profetismo Pentecostal: Um Chamado à Transformação social"* en David Mesquiati de Oliveira (Organizador), *Pentecostalismos e Transformação Social*. Brasil: Fonte Editorial-RELEP, 2013: 39-63.

MONZÓN MOTA, Jimmy. Emanuel *"Situación Cultural y Religiosa en los Tiempos de Jesús"* en línea en: https:// prezi.com /4pruqs6e40 td/situacion-cultural-y-religiosa-en-los-tiempos-de-jesus/ [Descargado el 18.09.2017]

MOWINCKEL, Sigmund. *El que ha de venir: Mesianismo y Mesías*. Madrid: FAX, 1975

NELSON, Wilton *Nuevo Diccionario Ilustrado de la Biblia*. Nashville, Tennessee: Caribe, 2000

PANNENBERG, Wolfhart. *Fundamentos de Cristología*. Salamanca: Ediciones Sígueme, 1975

SOLIVAN, Samuel, *The Spirit, Pathos and Liberation. Toward an Hispanic Pentecostal Theology*, England: 1998

STEGEMANN, W, Ekkehard y Stegemann, Wolfgang. *Historia social del cristianismo primitivo. Los inicios en el judaísmo y las comunidades cristianas en el mundo mediterráneo.* Navarra: Ed. Verbo divino, 2001: 444.

STRONSTAD, Roger. *La Teología Carismática de Lucas.* Miami, Florida: Editorial Vida, 1994: 58

THEISSEN, Gerd. *Sociología del Movimiento de Jesús: El nacimiento del cristianismo primitivo.* España: Ed. Sal Terrae, 1979:13-14.

UNGER, Merrill F. & White, William (eds.), *Diccionario Expositivo de palabras del Antiguo Testamento.* Nashville: Thomas Nelson, Inc. 1984.

YONG, Amos *The Spirit of Creation. Modern Science and Divine Action in the Pentecostal-Charismatic Imagination.* USA-UK: William B. Eerdmans Publishing Company, 2011.

YONG, Amos. *Discerning the Spirit(s): A Pentecostal-Charismatic Contribution to Christian Theology of Religions.* UK: Sheffield Acdemic Press, 2000.

ZORRILA, Hugo C. *La Fiesta de Liberación de los oprimidos. Relectura de Jn. 7:1-10.21.* San José, Costa Rica: SEBILA, 1981

Eleuterio Uribe Villegas

- *Pastor desde el 23 de septiembre1984, en la Ciudad de Iguala, Gro., México: 34 años en total.*
- *Licenciado en Teología por el Centro Cultural Mexicano, Universidad Teológica, periodo 1988-1991.*
- *Postgrado en SBL (Hoy Universidad Bíblica Latinoamericana), en 1991*
- *Rector del Centro Cultural Mexicano, Universidad Teológica 2002-2006.*
- *Maestro del CCM Universidad Teológica 1988-2018. Materias: Griego Bíblico, Introducción al Hebreo Bíblico, Exégesis del Antiguo y Nuevo Testamento, Teología Sistemática, y Fenomenología Profética.*
- *Presbítero de la IAFCJ por 14 años. Distrito León 1994-1999. Distrito Culiacán 2006-2010. Distrito Pacífico 2010-2014.*
- *Coordinador de Educación Cristiana IAFCJ, Distrito León 1994-1998.*
- *Secretario del Distrito León 1998-1999.*
- *Coordinador de Educación del Distrito Culiacán 4 años, periodo 2002-2006.*
- *Coordinador de Educación Cristiana Distrito Pacífico 4 años 2010-2014.*
- *Master en Teología: 2014-2018.*
- *Actual Secretario de Educación Cristiana IAFCJ 2014-2018*
- *Secretario General de Educación Cristiana 2014-2021.*

PUBLICACIONES
KERIGMA
Ἐν ἀρχῇ ἦν ὁ Λόγος

www.ingramcontent.com/pod-product-compliance
Lightning Source LLC
Chambersburg PA
CBHW031132090426
42738CB00008B/1063